U0603362

新体制下中小学
德育管理机制研究和
上海实践

于漪

陈宏观 等著

上海教育出版社
SHANGHAI EDUCATIONAL
PUBLISHING HOUSE

图书在版编目（CIP）数据

新体制下中小学德育管理机制研究和上海实践 / 陈
宏观等著. — 上海：上海教育出版社，2023.11
ISBN 978-7-5720-2383-5

Ⅰ.①新… Ⅱ.①陈… Ⅲ.①中小学 – 德育工作 – 研
究 Ⅳ.①G631

中国国家版本馆CIP数据核字(2023)第228963号

责任编辑　邹　楠
封面设计　周　吉

新体制下中小学德育管理机制研究和上海实践
陈宏观　等著

出版发行　上海教育出版社有限公司
官　　网　www.seph.com.cn
地　　址　上海市闵行区号景路159弄C座
邮　　编　201101
印　　刷　上海展强印刷有限公司
开　　本　700×1000　1/16　印张 15
字　　数　216 千字
版　　次　2023年12月第1版
印　　次　2023年12月第1次印刷
书　　号　ISBN 978-7-5720-2383-5/G·2113
定　　价　68.00 元

如发现质量问题，读者可向本社调换　电话：021-64373213

序

陈宏观同志是上海市中小学特级校长,正高级教师,上海市阳光学者(普教系统首批),第四期"上海市普教系统名校长名师培养工程"种子计划学校党组织书记培养基地主持人,第六期"上海市中小学骨干教师德育实训基地"主持人。他带领基地的同志们完成了《新体制下中小学德育管理机制研究和上海实践》一书。全书紧扣时代脉搏,立足上海,敢为人先,就近年来全国开始实施的"中小学党组织领导的校长负责制"新体制下,如何更好地推进德育有效开展进行研究、实践,并加以总结。本书是陈宏观同志主持的"上海市新时代中小学德育管理机制研究和实践实训基地"的研究成果,也是十余年来上海市一直推进的德育研究和实践实训基地的优秀成果,值得向全国中小学德育工作者推荐。

一、与时俱进办教育,以德为先育英才

教育是国之大计、党之大计。党的十八届三中全会以来,党中央对深化教育领域综合改革作出一系列战略部署,党的十九大进一步提出深化教育改革,加快教育现代化,办好人民满意的教育。党的二十大报告首次专列一个部分将教育、科技、人才三大战略进行统筹部署,强调教育、科技、人才是全面建设社会主义现代化国家的基础性、战略性支撑。2022年初,中共中央办公厅印发了《关于建立中小学校党组织领导的校长负责制的意见(试行)》,意见指出,加强党对教育工作的全面领导是办好教育的根本保证。建立中小学校党组织领导的校长负责制,是坚持为党育人、为国育才,保证党的教育方针和党中央决策部署在中小学校得到贯彻落实的必然要求。

育人的根本在于立德。全面贯彻党的教育方针,落实立德树人根本任务,培养德智体美劳全面发展的社会主义建设者和接班人,这些都对中小学德育工作提出了新的要求。《新体制下中小学德育管理机制研究和上海实践》一书的出版顺应了时代的需求,是基层一线适应新体制开展德育工作先进经验和成果总结,切实把党的领导、党的教育方针落实到中小学校德育管理机制的各方面、各环节,办好具有新时代特点、上海特色、人民满意的教育。

二、以德赋能增实效,探索创新谋发展

从教育工作者的角度来看,《新体制下中小学德育管理机制研究和上海实践》一书无疑是一本极具特色的优秀教材。首先,在价值上,本书在用好新时代党领导的中国特色的现代学校法人治理结构体制的基础上,研究党组织对行政执行的方向指引、大局把握、决策领导,对群团组织的领导推动,以及三全育人格局的建设,构建符合各自学校特点的德育管理机制。其次,在内容上,本书内容丰富,共有"坚持党组织的全面领导""德育管理机制完善创新""课程思政推进机制建立完善""群团组织育人机制健全推进"和"社会实践机制发展创新"等五大内容,涵盖了中小学德育管理机制的各个方面,构成了一个相对全面的体系,并提出了一系列具有创新性和可操作性的建议,还对新体制背景下德育面临的新挑战和新机遇进行了分析,更好地适应时代发展的需要。再次,在形式上,本书采用了文献研究、实证调查等多种研究方法,对党组织领导的中小学德育管理机制进行了全面而深入的剖析。在论述过程中,注重理论与实践相结合,通过大量的案例和数据支撑其观点,使得本书具有很强的可信度和说服力,兼具实用性和创新性,为教育工作者提供了许多宝贵的启示和思考。在阅读本书稿的过程中,我受益匪浅。

三、专业引领明方向,研训联动促发展

《新体制下中小学德育管理机制研究和上海实践》是上海市新时代中小学德育管理机制研究和实践实训基地的研究成果。基地主持人陈宏观同志先后在上海市第二初级中学、上海市南洋中学、上海市南洋模范中学,以及上海市徐汇区业余大学(徐汇区社区学院)等学校担任主要领导近20年,涉及义务教育、高中教育、职业教育、高等教育、终身教育等多类别的领域,还曾经在教育行政部门、区级共青团组织(少先队组织)担任领导,有着丰富的教育管理经验,对于把握具有上海特点的"党组织领导、校长负责、多方参与、全员育人"的中小学校校长负责制新体制,有着独特的理解和体会。他长期以来积极探索"学校—家庭—社会"协同育人模式,形成了"四双育人法",构建了家校互动、社会资源共享的工作机制。他担任第六期"上海市中小学骨干教师德育实训基地"主持人,在他的带领下,基地成员学习、研究、实践和实训,20人被天津市中小学继续教育中心聘为天津市第六周期中小学校长岗位培训工作坊主持人。学员所在学校的德育工作也取得了一定的进步:上海市南洋模范中学被评为全国国防教育示范校、上海市中小学心理健康教育示范校,上海市青浦区第一中学被评为上海市特色普通高中学校,上海市零陵中学被评为上海市"十四五"家庭教育基地校……书稿内容注重理论指导和学校经验相结合,可操作性强,为中小学德育工作提供范例,可复制可推广,值得推荐。

2022年1月,中共中央办公厅印发了《关于建立中小学校党组织领导的校长负责制的意见(试行)》,提出建立中小学校党组织领导的校长负责制。《新体制下中小学德育管理机制研究和上海实践》一书,探索了新时代中小学党组织领导的学校治理新机制、育人新体系的建设,积极诠释了上海"党组织领导、校长负责、多方参与、全员育人"的治理新格局,不仅为我们提供了宝贵的经验和启示,更为打造上海德育"新样板"贡献力量。衷心祝贺陈宏观同志带领的上海市新时代中小学德育管理机制研究和实践实训基地取得的成果,我相信本书对于中小学德育工作具有重要的参考价值,能起到积极的助推促进作用。

教育部基础教育教学指导委员会德育工作指导专委会委员
教育部"长江学者"特聘教授
南京师范大学道德教育研究所所长

2023年10月

目　录

第一章

坚持党组织的全面领导

第一节　履行党组织的领导职责

加强党组织对德育工作的领导,是全面贯彻党的教育方针、加强党对中小学领导的必然要求;也是党组织在学校开展育人实践、发挥领导作用的内在要求;更是强化德育管理、推进中小学德育管理机制创新的迫切需求。

党的十八大首次提出将"立德树人"作为教育的根本任务。党的二十大报告进一步明确教育是国之大计、党之大计,要落实立德树人根本任务,培养德智体美劳全面发展的社会主义建设者和接班人。围绕"立德树人",习近平总书记作出一系列重要论述,阐释培养什么人、怎样培养人、为谁培养人是教育的根本问题,强调了党在教育工作中的领导地位。这些重要文件及重要论述,为在德育工作中加强党组织领导提供了根本遵循。2022 年 1 月,中共中央办公厅印发了《关于建立中小学校党组织领导的校长负责制的意见(试行)》,明确阐释了新时代中小学校党组织功能,由"政治核心"向"领导职责"转向定位,同时对党组织的领导职责进行了"六组十八字"的全面概括,提出中小学校党组织全面领导学校工作,履行把方向、管大局、作决策、抓班子、带队伍、保落实的领导职责。学校党组织的功能不仅在于管党治党,做好党员教育和思想政治工作,更是围绕立德树人根本任务的落地落实,将其贯穿办学治校、教书育人全过程各领域。同时,明确规定党组织对学生德育和思想政治工作负有领导责任。同年 3 月,中共上海市委办公厅下发了《关于建立中小学校党组织领导下的校长负责制的实施意见》,对如何加强党组织对德育工作的领导,提出明确要求。要促进党建工作与教育教学、德育和思想政治工作深度融合,把思想政治工作紧紧抓在手上,落实大中小幼一体化德育体系建设要求,深化课程育人、文化育人、活动育人、实践育人、管理育人、协同育人。《实施意见》体现了"上海方案"和"上海动作",希望中小学校在党组织领导下,在推动党建和德育融合、德育一体化建设、丰富育人方式等方面进行进一步的研究和探索。

基于对以上重要文件及重要论述的深刻认识，我们认为，加强党组织对德育工作的领导，是全面贯彻党的教育方针、加强党对中小学领导的必然要求；也是党组织在学校开展育人实践、发挥领导作用的内在要求；更是强化德育管理、推进中小学德育管理机制创新的迫切需求。

一、深刻认识党组织对德育工作的领导职责的内涵

加强党对中小学校的领导，全面贯彻党的教育方针，是办好学校教育的根本保证。党组织对德育工作的领导职责，由以下六方面组成。

（一）履行"把方向"职责，牢牢把握德育工作方向

在中小学德育工作中，党组织起到掌舵、领航的作用。要把准政治之舵，坚持正确的政治方向，自觉在思想上政治上行动上同党中央保持高度一致，树牢"四个意识"，增强"四个自信"，拥护"两个确立"，做到"两个维护"。要在育德过程中传播和践行习近平新时代中国特色社会主义思想，引导学生树立正确的理想信念和政治信仰。要领好育人之航，聚焦教育培养人的根本问题和立德树人的根本任务，始终坚持为党育人、为国育才的教育使命，充分发挥学校和老师的主动性和能动性，在德育课程建设、活动设计、资源管理、场所运用等各环节，厚植学生爱党、爱国、爱人民、爱社会主义的情感，引导学生坚定不移听党话、跟党走。

（二）履行"管大局"职责，统筹谋划德育工作大局

党组织是德育工作的领导者，要发挥宏观把握、统领规划的作用，积极开展德育工作研究，系统推进学校德育工作。党组织牵头，通过党组织会议、党政联席会议、德育工作例会等研究学校德育规划，部署全年德育工作，促使德育工作在大局大势上不偏移不走样。召开专门会议，经常性地对学校的德育问题进行研判分析，加强德育机制研究，拓展学校德育工作的思路方法，形成创新举措和品牌辐射，推动全员育人、全过程育人、全方位育人德育工作格局形成。

（三）履行"做决策"职责，科学开展德育事务决策

根据《意见》要求，凡属学校重大问题都要按照集体领导、民主集中、个别酝酿、会议决定的原则，由党组织会议集体讨论作出决定。中小学要明确德育管理工作中的"三重一大"事项和德育工作基本管理制度等内容。党组织对学校每年所涉及的德育重要计划和方案、重要课程和活动，按规定进行上会集体决议，对学校的学生思想政治工作、"三全育人"工作、文化建设等，定期开展专题讨论研究。对专业性较强的重要事项，如学校德育规划、德育品牌创建等，可以咨询相关专家获得专业性意见和评估指导，开展一定范围的推导论证，在时机成熟后，予以推行实施。

（四）履行"抓班子"职责，扎实推进德育组织管理

党组织确定领导的组织优势，不断完善德育工作的组织架构。一般情况下，学校德育工作在党组织的领导下，形成由校长负责，分管副校长协同负责，德育处（政教处、学生发展中心）具体管理，团委少先队、心理健康辅导室等部门共同参与，通过年级、班级组织有序实施的组织体系。要将党组织力量和组织体系中的各层级管理者（校级领导、中层干部及年级组等）进行有机整合，形成党政共管的育人共同体。强化德育各级管理者的政治和能力建设，积极开展主题研修、工作室引领、同伴互助和自我学习等，牢牢把握党的教育方针和育人导向，遵循教书育人规律和学生成长规律，增强德育意识，提升德育能力。要选拔好德育管理者，把教师中讲政治、有能力、肯干事、愿奉献的优秀年轻人挑选出来，加大对共青团、少先队干部的培养力度，提升整体育人队伍水平。

（五）履行"带队伍"职责，积极引领德育队伍发展

从党管人才的角度，强化对全体教职工的思想政治引领和育德能力培养。要贯彻"人人都是德育工作者"的理念，通过经常性政治学习，提升全体教师的政治认同，把准德育工作的政治方向。通过师德师风教育，建立学校教师行为规范准则，强化教师道德行为示范，促使教师做学生的榜样，成为学生成长的"引路人"。通过育德能力校本化培训、全员

导师制推行等,全面提升教职工的德育专业素养和工作能力。聚焦党员教师队伍,通过中心组学习、组织生活、党员大会等不同形式,促使"党建＋德育"理念深入人心,鼓励党员教师在德育研究、班主任工作、思政育人、社团建设等岗位上建功立业,使党员教师成为德育工作的中坚力量和引领者,带动其他教师共同进步,形成全员育德的浓郁氛围。

(六) 履行"保落实"职责,有力确保德育要求落地

党组织发挥引领作用,支持校长行使职权,切实将党和国家关于中小学德育工作的要求落细、落小、落实。一是瞄准育人总体目标和学段目标,立足理想信念教育、社会主义核心价值观教育、中华优秀传统文化教育、生态文明教育、心理健康教育五个方面,梳理符合学生年龄特点、符合学校实际的德育内容,推动学校德育工作常态化,确保学校德育工作的有效性。二是鼓励党员带头、教研组共同推进,有效落实思政课立德树人核心课程,挖掘不同学科特有的育人功能,发挥好德育课程和其他各学科课程的价值引领作用。三是聚焦主题活动系列化设计,在节日纪念、学生社团、劳动实践、研学旅行等方面,不断完善德育实施的载体和途径,推动学生道德认知内化于心、外化于行。四是推动全员、全程、全方位育人机制建设,将德育工作有机融入学校文化建设、制度建设、师德师风建设,促使德育工作要求贯穿到学校办学治校的全过程,营造浓厚的"三全育人"文化氛围。

二、准确把握党组织对德育工作领导职责的实践定位

要履行好新时代党组织对德育工作的领导职责,必须处理好三组关系。

(一) 要处理好党组织领导和校长负责的关系

党组织领导和校长负责是新领导体制中的"一体两面",相互补充,缺一不可。中小学校党组织全面领导学校工作,支持和保证校长依法依规行使职权。而校长在学校党组织领导下,按照学校党组织有关决

议,全面负责学校的教育教学和行政管理等工作。党组织领导学生德育工作,而校长在党组织的领导下,依法依规开展德育、体育、美育、劳动教育、心理健康教育和思政课建设等工作。党组织领导既不是越组代庖,包办具体事务,也不是高高挂起,形而上学主义。党政分工合作、协调运行,推动学校德育工作同向发力,向前推进。

（二）要处理好党建引领和德育赋能的关系

加强党组织对德育工作的领导,必须树立"党建＋德育"理念,密切党建和德育的关系,在党建中渗透德育工作内容,在德育中融入党建工作要求,形成"党建带德育,德育促党建"的格局。通过"下沉式"党建阵地建设,把支部、党小组建到年级组、教研组,形成党政交融的育人协同机制。聚焦学科德育、学生思想、团队发展等工作,让党员作用发挥在年级、在班级、在学生之中,以培养学生正确的世界观、人生观、价值观和道德认识为己任,扎扎实实助力德育工作,真正实现党建引领下的德育赋能增值。

（三）要处理好德育和智体美劳各育的关系

在学校工作中,德育占据"五育"之首的地位,德育部门（德育处、政教处、学生发展中心）是行政部门中具有重要枢纽作用的部门。加强党组织对德育工作的领导,要处理好五育之间的关系,尤其是德育和其他四育之间的关系,强化"五育并举,德育为首"的观念。以德为首,就是让德育起好导向和保证的作用,要将德育贯穿于智育体育美育劳育各育之间,将各育统整起来,形成具有正确方向的有机整体,促进学生全面发展。德育部门要加强和教学等部门的沟通联系,积极开展丰富多样的文化艺术体育活动,扎实推进劳动教育在校园内开花结果,推动中小学德育内容细化落实到学校的教育教学工作中。

三、切实提升党组织书记的自身素养和引领能力水平

要履行好新时代党组织对德育工作的领导职责,党组织书记作为

7

领头羊,要切实提升自身素养和引领能力水平,养成三种"力"。

(一) 党建统领覆盖教育教学各领域的组织领导力

加强自身思想建设,充分发挥党的动员、聚合和协调作用,将全体教职工的思想共识凝聚到为党育人、为国育才的使命担当上。加强组织领导,发挥党组织资源统筹、力量统整的优势,让党的触角伸向德育、课程、教学、思政、社团、队伍建设等各个方面、各个环节,不留死角。加强组织管理,发挥党员教师更强主动性和自觉服务学生能力,打造教书育人坚强的战斗堡垒。

(二) 落实立德树人根本任务的价值引领力

牢固树立"大德育大思政"观念,始终把"人"的培养放在首位,把"立德树人"作为学校一切工作的落脚点,着眼凝聚人心、完善人格、开发人力、培育人才、造福人民的目标导向,用德育引领"五育",提升学校整体工作。围绕"培养人"的根本问题,深入开展社会主义核心价值观、红色革命、社会主义先进文化、生态文明文化等教育,引领正确高尚的道德价值观念,培养学生成为担当民族复兴大任、国家建设重任的时代新人。

(三) 党组织领导、校长负责、多方参与、全员育人的系统发展力

为顺应新的领导体制改革,上海《实施意见》明确提出,要构建党组织领导、校长负责、多方参与、全员育人"四位一体"的治理新格局。党组织的领导不仅体现在政治方向、制度建构、决策部署等方面,更体现在面向整个系统、涉及各个领域的多方参与、多元共治的协同育人体系构建上。要强化和行政的协同共治,加大学校治理各方的参与力度,发挥教职工(代表)大会、团队、学生会和社团组织的积极作用,整合社区、家长、地区各类资源,争取社会力量配合,促进党建共建共享,以全员育人推动学校可持续发展。

(沈方梅)

第二节　把握思想政治工作和意识形态主导权

中央组织部、教育部党组联合印发的《关于加强中小学校党的建设工作的意见》明确指出，中小学校党组织是党在学校中全部工作和战斗力的基础，发挥政治核心作用，具体需要履行八项基本职责，其中一项为"坚持立德树人、德育为先，做好思想政治工作和意识形态工作，开展社会主义核心价值观教育，加强学校文化和精神文明建设，推动形成良好校风教风学风"，即明确思想政治工作是中小学校党的建设的重要职责之一。思想政治工作是党的优良传统、鲜明特色和突出政治优势，是一切工作的生命线。加强和改进思想政治和意识形态工作，事关党的前途命运，事关国家长治久安，事关民族凝聚力和向心力。

进入新时代，中小学校在落实立德树人根本任务和推进党组织领导的校长负责制背景下，必须加强党的全面领导，把思想政治工作贯穿党的建设始终。

一、加强新时代学校思想政治工作的指导方针

党的二十大报告强调："教育是国之大计、党之大计。培养什么人、怎样培养人、为谁培养人是教育的根本问题。育人的根本在于立德。全面贯彻党的教育方针，落实立德树人根本任务，培养德智体美劳全面发展的社会主义建设者和接班人。"这是以习近平同志为核心的党中央对新时代教育事业的总体战略部署。当前，学校思想政治工作面临着新的形势和任务。党中央对学校思想政治工作要求十分明确、政策制度清晰，经过近年的发展，学校思想政治工作有了较明显的加强和提升。但与此同时，学校思想政治工作仍然存在着不少问题，这些问题如果处理不好，势必对思想政治工作乃至其他各项工作产生极为不利的影响。可以说，学校思想政治工作面临的任务非常繁重，形势也非常严峻，需要下大力气持之以恒地加

以推进,为党育人、为国育才,努力奠定坚实的思想政治基础。

(一) 要坚持以习近平新时代中国特色社会主义思想铸魂育人

学校是教书育人的地方,必须首先要高度重视思想政治工作,并在开展教学的实际工作中不断加强思想政治建设。加强学校思想政治工作是全面的,要在教育教学的各个领域、不同角度,以多种方式加强思想政治教育,不断提高师生思想理论水平。[1]要不断加强师生的社会主义核心价值观教育,不仅要开展集中专题教育,也要结合实际,发挥优势特点,在完成基础性工作的基础上,创新丰富学习方式,努力把学习成效转化为教育教学的工作动力和发展成果。

(二) 要不断提升学校思想政治工作科学化水平

学校思想政治工作是一项系统工程,必须有明确的思路、科学的措施,并很好地抓好落实,才能收到良好的效果。"一定要紧紧围绕立德树人来加强学校思想政治教育,在不断提高教师思想政治素质的同时,加强思想政治课程教育。要推进思想政治理论课教学改革与创新,进一步推进线上线下混合教学改革。"[2]要加强课程思政工作,让思想政治教育融入每门课程当中,不断提升各科教师思政育人的能力。要加强思想政治队伍建设,培育一批学生思政工作的专家型骨干力量,发挥优秀辅导员、班主任、思政课教师的示范引领作用,推动形成全方位育人体制机制。

(三) 要加强党对学校思想政治工作的领导

学校要做好思想政治教育工作,加强党的领导是非常关键的。要加强党对学校思想政治工作全方位、全过程的领导,用党的坚强领导确保学校思想政治工作方向对、措施实、效果好。要结合实际深入调研,大胆实践,不断推进学校党建和思想政治工作理念创新、制度创新、机制创新,探索符合自身特点、行之有效的工作路子。开展学校思想政治工作也要压紧靠实工作责任,严格执行责任制,确保工作责任落到实处。各级党组织及其主要负责人要认真履行主体责任和第一责任,真管严治、真抓实干,切实把关于加强党的建设和思想政治工作的要求和任务落到实处。各级党组织班子成员要自觉履行"一岗双责"制度,建立横向到边、纵向到底,以上率下、层层落实的责任体系,持续巩固好风清气正的政治生态,确保学校各项事业始终沿着正确方向前进。要切实强化督查考核,加强学校思想政治工作评价考核工作,进一步完善考核办法,注重过程管理,强化结果运用,把党建和思想政治工作作为班子考核、干部述职评议的重要内容。

二、强化学校思想政治教育阵地的主要路径

中共中央办公厅《关于建立中小学校党组织领导的校长负责制的意见(试行)》规定,中小学校党组织要坚持把政治标准和政治要求贯穿办学治校、教书育人全过程各方面,要做好教职工思想政治工作和学校意识形态工作。

(一)明确主体责任,建立健全体制机制

2022年11月,教育部印发的《关于进一步加强新时代中小学思政课建设的意见》中指出:到2025年,中小学思政课关键地位进一步强化、建设水平全面提高,课堂活力充分激发,优质课程资源更加丰富,实践教学深入开展,思政课教师队伍专职化专业化水平明显提升,"大思政课"体系更加完善,评价机制基本健全。教育的根本任务是"立德树人",在开展教育教学活动过程中,为拓展思政课程育人内涵,有效增强铸魂育人工作实效,要充分发挥党组织的核心堡垒作用,以党建引领为核心思路,以党建活动为实施路径,使课程思政的全面推进成为学校新生态。学校党组织要深入推动《习近平新时代中国特色社会主义思想学生读本》教育工作,把思政课作为落实立德树人根本任务的关键课程。

学校党组织要牢牢把握意识形态工作领导权,注重对课程教材、课堂教学、课外活动以及各类出版物、网络宣传阵地的监督审查,把好政治关,做到守土有责。教育引导广大党员、干部、教师旗帜鲜明讲政治,进一步增强政治敏锐性和大局意识,不断提高政治判断力、政治领悟力、政治执行力。

(二) 注重理论学习,筑牢思想信念根基

立足新的时代特点和历史方位,在推进建立党组织领导的校长负责制的背景下,注重政治理论学习,加强学习的常态化、制度化建设,深入推进习近平新时代中国特色社会主义思想进校园、进课堂、进教材、进头脑,以理论滋养初心、以理论引领使命,引导广大教师坚定理想信念,筑牢思想根基,落实立德树人根本任务,成为学校党建的重要职责。

党组织领导的校长负责制,可以强化党支部对思政一体化建设的统一领导,着力推动新时代党建管理工作与思政课深度融合,用党建理论引领广大党员教师树立正确的政治价值观,铸就良好理想信念。"党建工作与思政课都以思想教育、道德教育和政治教育为重点内容,主要体现在思想道德体系建设、理想与信仰教育、爱国主义教育等方面,做到理论培育和实践引领的有机统一。"[3]例如,怀德路第一小学党支部强化思想建设的"三会一课",高度重视并加强党员教育管理,用好"三会一课",组织党员利用"党员直播课堂""党课开讲啦""初心讲堂"等平台集中学习,拓宽学习渠道,灵活学习时间,让党员、教师听党史、悟道理、践初心。充分利用"党课开讲"平台,书记带头讲党课《秉持初心 砥砺奋进新时代》,带头讲思政课《当国歌响起时》;普通党员积极开设以文化自信、弘扬中华文明、坚持立德树人为主题的党课,开设"红色初心之约"思政课。同时,深挖学校先进事迹,选树先进典型,积极参加"学于漪先进个人和集体"评选,以讲好教育故事、传播"党的声音"为着眼点,进一步增强责任感、使命感、荣誉感。

(三) 创新工作方式,提升思政工作实效

新时代给学校思想政治教育带来了新的挑战。学校党组织要创新形式,多渠道、多举措加强和改进中小学校党建思政工作,善于运用一切场合、一切载体、一切方式来做思想政治工作,不断增强思政教育思想性和生命力,筑牢思想政治基础。

1. 建立"思政工作坊"

以怀德路第一小学为例,学校党支部培养党员和团员青年定期参加培训,积极输送思政课教师参加专业培训,引领他们走在思政课教师

发展的前沿,将工作坊平台作为实现再成长的新路。开展思政课教师队伍发展行动和课程思政融合协同育人行动,打造全员全程全方位的立体育人格局。

2.构建思政特色课程

思政课是一门综合性、实践性较强的课程。在课程建设中可以融合多元学习培训方式,帮助思政课教师深化对当前国情、党情的认识,丰富思政课教学资源,提升思政课教学的深度和广度。例如,怀德路第一小学党支部组织思政课教师进行杨浦滨江人文行走,实地考察学习,拓宽视野。开展"滨江寻梦　红色传承"党团员教师讲"红色故事"活动,在传承红色基因中筑牢信仰基石;以党建联建为载体,依托平凉党建平台,组织师生到上海仪器仪表研究所参观学习,将其学习成果在教育教学过程中以更有效的方式向学生传授。推出"红色场馆宣教课"等精品主题教育,进一步探索学生理论社团、思政类项目化学习、思政类德育综合实践课程等新形式,激发学生自主探究、同伴互助的学习主动性。

3.创建党员先锋岗

发挥党员教师的先锋模范作用,创建党员先锋岗,展示优秀党员教师的岗位形象,并鼓励青年教师跟岗工作,加入党员先锋岗队伍,可以丰富教师工作经历和生活经验,进而提升思政教育工作者的共情能力。聚焦思政教育的重要领域、关键环节,鼓励党员教师冲锋在前、示范在前、引领在前,开展"党员示范岗""党员责任区"建设,形成"党员垂范、引领队员、带动全体"的生动局面。

三、掌握意识形态主导权,整体提升教师思政教育的质量

将思想政治和意识形态工作作为一切工作的生命线,作为加强党的建设、推进全面从严治党的重要抓手。把思想政治和意识形态工作落实到支部,让支部在基层工作中唱主角,成为团结群众的核心、教育党员的学校、攻坚克难的堡垒。加强思政教育,守好意识形态"主战场",教师队伍是关键。学校党组织可结合学校党组织建设实际、学校校情进行有益探索和实践。

（一）打造核心队伍,让思政教师站稳讲台

思想政治教育的关键在教师,党支部要抓好思政教师这支核心队伍,发挥教师积极性、主动性、创造性。用好《习近平新时代中国特色社会主义思想学生读本》进课堂:思政教研组教师们借助《读本》,先梳理道法教材,将可以与《读本》相结合和拓展的教学内容归类整理;梳理《读本》中适合开展主题教育实践活动的内容,与学校德育活动相结合,探索有效课堂教学模式和有效教学策略,如探究性学习、主题性学习课堂教学;引导学生初步理解习近平新时代中国特色社会主义思想的核心要义,从而增强学生集体荣誉感、社会责任感、民族自豪感,真正地将个人发展与国家命运紧密联系起来。

（二）打造重点队伍,让党员教师站上讲坛

学校党支部要以全面提高教师队伍的思想政治素养、建设良好师德师风为重点任务,抓住党员这支思政教育的重点队伍。例如,支部通过"学校讲堂"平台,进行理论"学一学"、专题"讲一讲"、实践"走一走"的形式,结合主题党日、师德建设月、组织生活会、民主生活会等活动,多讲多宣传,让党员教师站上师德师风的讲坛,提升党员教师自身思政教育素质,提升党性修养,锻造有理想、有情怀、有担当、有学识的高素质的党员思政教育队伍。

（三）打造骨干队伍,让德育团队守好阵地

学校党组织将思政教育和德育工作相融合,通过发挥班主任等德育团队的优势,深入开展学生思想政治教育。结合学校特点和学生身心发展规律,学校形成德育"最美"课程,渗透于"主题教育月、传统节日文化、校园文化节"主题教育系列活动,以及"爱生活"课程、"乐活动"课程、"乐心悦"课程等,学校努力开发发展学生的兴趣爱好及潜能的思政课程,让学生在多样化的课程中获得更多的学习体验,开阔视野,掌握技能,收获快乐与自信,促进学生德智体美劳全面发展,同时注重学生对社会责任和家国情怀的感悟的培育,注重学生思想政治素养的提升。

（四）打造青年队伍，让年轻教师接力赋能

青年教师是学校发展的生力军，是学校思政教育中最具感染力的群体，青年教师与学生有更多的共同语言，其一言一行对学生更具影响力。为了让青年教师在学、思、践、悟中坚定理想信念，在奋发有为中践行初心使命，学校党支部引领团支部，通过"驿起突击队"行动，学习党的二十大精神，学习习近平新时代中国特色社会主义思想，开展青年大学习教育活动，面向青年教师开设"微党课"，坚定青年教师永远跟党走的信心和决心。同时，学校开展教学月活动，青年教师结合新课程、新课标，探索"四新"背景下的"情智课堂"，在加深自我体悟的基础上，通过课堂和活动，握紧思政教育的接力棒，融入思政教育。

做好学校思想政治工作，对教育事业至关重要。只有通过有效的思想政治教育，管好导向的责任，全面加强意识形态各项工作，不断提高广大师生的思想政治水平，我们才能培养出一代又一代对社会有用的人才，才能完成好为党育人、为国育才的初心使命。

参考文献

［1］［2］张义文.着力加强新时代学校思想政治工作［N］.昌吉日报,2021－12－7.
［3］陈宏观,林存华.新时代中小学党建工作实务［M］.上海：上海教育出版社,2021.

（倪　虹）

第三节　加强师德师风建设和校园文化建设

一、深化师德师风建设

孔子在《论语·述而》中提出君子进德修业的方法："志于道,据于德,依于仁,游于艺。"2014 年第 30 个教师节前夕,习近平总书记考察北京师范大学时发表重要讲话,勉励广大教师做有理想信念、有道德情操、有扎实学识、有仁爱之心的"四有"好老师。这也正好对应了孔子的"道、德、仁、艺",有理想信念是志于道,有道德情操是据于德,有仁爱之心是依于仁,有扎实学识就是游于艺。

(一) 志于道,坚持政治标准为首要标准

唐代韩愈说:"师者,所以传道授业解惑也。""传道"是第一位的,好老师心中要有国家和民族,要明确意识到肩负的国家使命和社会责任。2018 年中共中央、国务院印发的《关于全面深化新时代教师队伍建设改革的意见》提出,坚持兴国必先强师,强师首先要着力提升思想政治素质,要加强理想信念教育。习近平总书记指出,要"坚持教育为人民服务、为中国共产党治国理政服务、为巩固和发展中国特色社会主义制度服务、为改革开放和社会主义现代化建设服务",教师要承担起"努力培养担当民族复兴大任的时代新人,培养德智体美劳全面发展的社会主义建设者和接班人"的重任。

作为一名教师,要有正确的政治方向,热爱祖国,忠诚于党和人民的教育事业,自觉做中国特色社会主义的坚定信仰者和忠实实践者。教师要树立正确的历史观、民族观、国家观、文化观,坚定中国特色社会主义道路自信、理论自信、制度自信、文化自信,要准确理解和把握社会主义核心价值观的时代内涵,增强价值判断、选择、塑造能力,带头践行社会主义核心价值观。

(二) 据于德,明确师德规范的高线追求

"师者,人之模范也。"教师的职业特性决定了教师必须是道德高尚的人群。合格的老师首先应该是道德上的合格者,好老师首先应该是以德施教、以德立身的楷模。师德是深厚的知识修养和文化品位的体现。师德需要教育培养,更需要老师自我修养。做一个师德高尚、脱离低级趣味的人,应该是每一个老师的不懈追求。

"四有"好老师的高尚师德最终要体现到对所从事事业的忠诚和热

爱上来的。师者为师亦为范,学高为师,德高为范。老师是学生道德修养的镜子。好老师应该取法乎上、见贤思齐,不断提高道德修养,提升人格品质,并把正确的道德观传授给学生。

学校党组织要以教师的全员全方位全过程师德养成为目标,引导教师严守底线、不踩红线、追求高线,充分挖掘学校优秀教师的师德故事,加强对先进典型、师德楷模的正面宣传,营造争先树模的良好育人氛围,引领教师立德树人,做好学生的"引路人"。

(三)依于仁,丰富爱生情怀的深刻内涵

高尔基说:"谁爱孩子,孩子就爱谁。只有爱孩子的人,他才可以教育孩子。"教师具备了坚定的理想信念和高尚的师德修养,还需要凭借"仁爱之心"才能够为学生打开知识之门、启迪心智。好老师要对学生充满爱心和信任,用真情、真心、真诚滋润学生心田,做学生的好朋友和贴心人。

教育是充满爱的伟大事业,关爱学生是教师职业道德规范的基本要求之一,也是身为人师的基本素质之一。关爱学生有利于培养学生的自信心,有利于培养学生的仁爱之心,有利于增强教师的感召力。在关爱学生的过程中,教师要做到以下几点:第一,平等公正地爱学生;第二,关爱的同时要严慈相济;第三,关爱的体现是为学生着想。关爱学生就要处处替学生着想,想学生之所想,急学生之所急,这样的关爱才算是落到了实处。

爱的教育更深一层的是"尊重"。古语云:"亲其师,信其道;尊其师,奉其教;敬其师,效其行。"我们一直教导学生要尊敬师长,而尊重实质是相互的,教师能尊重、理解、宽容学生,对学生有教无类、因材施教,学生才会充满自信,才会"信道、奉教、效行",从而也学会尊重他人。

(四)游于艺,加强学思践悟促知行合一

习近平总书记在 2013 年教师节前夕《致全国广大教师的慰问信》中说:过去讲,要给学生一碗水,教师要有一桶水,现在看,这个要求已经不够了,应该是要有一潭水。新时代的教师面临人工智能的挑战,更加需要加强学思践悟,促进知行合一。

学思践悟,顾名思义,就是学习、思考、实践、领悟,是一个学而思、思而践、践而悟、悟而学的循环往复过程。一名教师在专业发展上大致可以分为几个阶段:新教师、合格教师、优秀教师、卓越教师。新教师从离开大学入职开始,就开启了职业生涯的学习旅程,需要终身学习。终身学习是时代发展的要求,更是教师职业特点所决定的。教师必须树立终身学习的意识,拓宽知识视野,更新知识结构,潜心钻研业务,不断探索创新,不断提高专业素养和教育教学水平。

教师在职业意识、学科专业、教学能力、师生关系、专业发展等方面要切实做到学而充电、思而蓄电、践而放电、悟而发电,才能学以致用、用以促学、学用相融、知行合一。

案例 1 两代师表,协同培育

廖世承先生曾经说过:一个学校的最后成功,就靠教师。为了保障特色创建和特色课程实施,上海师范大学附属嘉定高级中学加强师资队伍建设,落实"强校必先强师"的理念。师道教育要培养未来教师,对现任教师提出了更高要求。因此,学校秉持"现任教师、未来教师,两代师表,协同培育"理念,分层分类培养教师,提高师德修养和育人能力,激发教师专业发展动力和职业使命感,努力做到"身正为范,学高为师",在学生心中厚植"情系教育"的种子。

一是以"5＋N项目"提升人文素养。"5"指阅读一本好书、开发一个课程、申报一项课题、撰写一篇论文、展示一堂好课;"N"为自选研习项目,鼓励教师开展自主学习研修,重视全体培训,邀请各行各业专家、学者到校开设世承讲坛,提升教师人文修养。

二是以"杏坛计划"助推专业成长。搭建平台,组织"青蓝结对杏坛计划",邀请数十位市、区级学科教学专家带教学校骨干教师;积极推荐优秀教师参加市、区各类基地、骨干教师研修班、名师名校长培训班、长三角优秀骨干交流计划等学习深造。

三是以"青苗工程"加快干部培养。以"超越"党员工作室为平台,搭台子、架梯子、铺路子、压担子,让青年教师在管理岗位上实践体验,了解、参与学校各项教育教学管理工作。大力推荐培养校级后备和优秀青年,为区教育系统、兄弟学校输送优秀干部,搭建人才梯队,激发干事创业激情。

二、营造特色校园文化

校园文化是学校教育的重要组成部分,是全面育人不可或缺的重要环节,是展现校长教育理念、学校特色的重要平台,是规范办学的重要体现,也是德育体系中亟待加强的重要方面。[1]

中小学校园文化建设可以从营造良好的校风教风学风、举办丰富多彩的校园文化活动、打造温馨和谐的校园环境等方面开展,融合在日常的教育教学过程中,给学生潜移默化而深刻的影响。上海的中小学校从 2007 年起全面贯彻落实《教育部关于大力加强中小学校园文化建设的通知》精神,大力开展学校校园文化建设,打造"一校一品",形成了百花齐放的良好氛围。

案例 2 **党建引领下的校园文化实践**[2]

南模中学、南洋中学都是国人自主创办的最早的一批新式学校。历经百年沧桑,伴随祖国的命运而成长沉浮。进入新的世纪,在新的时代也迎来了新的发展。南洋校园在原址上整体改扩建,南模中学也经历了从天平路校区一个校区变成三个校区的过程。新校园的建设中,党组织注重把方向,环境文化物化设境导学。南洋中学校园新景中从"百年碑廊"的名人题词到"先驱园"的九烈士铜像,再到红色基地南洋中学博物馆。南模中学将毛泽东主席、江泽民总书记分别给南模中学的题词"青峰""四个模范"雕在石头上、刻在课程里。这些点点滴滴都成了学校思政课程物化资源。

许多来到南洋、南模校园的领导都勉励我们讲好南洋、讲好模范故事,传播中国精神、传播中国特色社会主义的制度自信,传承发展、全面育人,把思政课程做成课程思政。

伴随新校园的建设,为总结学校 120 年来的办学经验,南洋中学党委牵头,同步开始进行校史书籍编著。近年来,已经出版了校史文化系列书籍(3套4本),体现南洋中学随祖国的命运变化而变迁发展。一为《为国桢干——上海南洋中学120年》是学校的编年史,由商务印书馆出版;二为人物志《毋忘风雨——上海南洋中学人与事》上下册,由上海人民出版社、学林出版社联合出版;三为《南洋中学名人题词碑刻集》是近现代名人为南洋中学的题词集,由上海人民美术出版社出版。系列图书中收录了大量有血有肉的生动故事和案例。故事中有孙中山来校劝学生剪辫子,图革新;有胡适和南洋学子一起"照镜子",讲反思;还有校友钱玄同在校期间和同学就中华传统文化如何传承而争执,以及校友钱均夫给即将出国的儿子钱学森塞纸条,鼓励他学成归国的点滴小事……而南模中学也在新校园里打造了"青锋号"创新实验室,开设了青锋国防教育拓展课程,开办了"青锋班",传承红色基因、争做青年先锋,以实现"手执青锋卫共和"。为党育人、为国育才。

在上述案例中,南模中学党委牢牢把握立德树人根本任务,引领校园文化建设,充分挖掘"青锋"精神,讲好模范故事,并通过校史书籍的编著,开发南洋中学博物馆课程和思政课程等,引导学生树立正确的世界观、人生观、价值观,对提高学生的人文道德素养,拓宽学生的视野,赓续红色血脉,传承红色基因,培养堪当民族复兴重任的时代新人具有深远意义。

案例 3 彰显办学特色的校园文化活动

上海师范大学附属嘉定高级中学以"师道教育"为办学特色,以"尚师志道、成德达才"为办学理念,确立"志道、据德、依仁、游艺"的培养目标,致力于培养崇尚师道、情系教育、志向高远、德才兼备,具有师者范、儒者气、仁者心、君子风的优秀高中毕业生。

根据培养目标,我们将校园文化活动与学科和德育课程整合,开发志道、据德、依仁、游艺四大领域、60余门师道研修特色课程,采用通识、进阶、专修三阶实施途径。

一是开展通识培养,全体学生通过每两周一次的"世承讲坛",加强通识教育,使之成为全体学生涵养师道情怀的必修课程。邀请专家、教授、学者和名师名校长开设讲座,为学生的全面而个性化发展开启一扇智慧大门。两年来,已开设 30 余个不同领域的专题讲座,起到拓宽视野、丰富素养、陶冶情操的作用。

二是开展进阶选修,学生可以根据自己的兴趣爱好在 60 余门特色课程中选择 2～4 门课程学习,培养个性特长。学校充分保障特色课程学习时间,每周安排 2 课时(每课时 1 小时)实施。此外,丰富多彩的科技文化节、体育艺术节等文体活动,为学生的健康成长搭建广阔舞台。在活动中,学生在老师的指导下自治自理,担任策划者、主持人和裁判员,做"小先生"。

三是开展专修课程,前置师范高校教师教育课程,对纳入"汇龙书院"培养的世承班学生开设"教育家""写字与书法""教师语言与表达""师道研学""爱心助教"等课程,为学生今后报考师范高校、成为未来卓越教师打下基础。

上海师范大学附属嘉定高级中学将办学特色融入校园文化建设中,将培养目标整合落实到各类师道研修特色课程中,依据学校办学理念,结合文明校园创建活动,因地制宜开展校园文化建设,使校园秩序良好、环境优美,校园文化积极向上、格调高雅,提高了校园文明水平,让校园处处成为育人场所。

案例 4　创建"杏园"蕴真谛,陶冶"杏子"塑人格

上海市金山区干巷学校为了推进银杏文化特色学校建设,建造了一个被中国教育协会原常务副会长郭振友教授誉为"纵贯古今、涵盖中外、超越时空、堪称经典"的银杏文化景观园,把社会主义核心价值观落到了细处、小处、实处。

1. 挖掘丰厚资源,确定育人目标

干巷学校的校园里有两棵树龄分别超过 700 年和 400 年的银杏古树,南北遥相呼应,巍然高耸,给人以视觉上的冲击和精神上的震撼。作为校树,它们见证了干巷学校建校至今的百余年发展历史,又承载着

得天独厚的育人使命。其独特的刚劲典雅的外形和丰厚的内在气质，不仅是学校一道独特亮丽的风景线，更是开启莘莘学子心扉、完善思想道德建设的精神财富。

为了挖掘、整合、利用学校独特、丰富的银杏文化和民族精神教育资源，干巷学校确定了"创银杏乐园，育杏品少年"的办学目标和"求真、乐善、尚美"的校训，制订了《干巷学校"银杏文化特色学校"创建规划》，把银杏文化融入办学思想、队伍建设、德育教育、文化氛围、课堂改革、课程建设、标识系统和载体命名等八大方面，努力建设植根于自己土壤的银杏文化特色教育，培养具有"自强、务实、和合、奉献"精神的杏品少年。

2. 精心设计景观，丰富育人内涵

学校邀请著名雕塑家何鄂大师和知名设计师顾继德先生担任银杏文化景观园工程的设计师，根据《干巷学校"银杏文化特色学校"创建规划》和校园空间设计打造了一个格调高雅，充满创意，具有民族性、知识性、艺术性、趣味性和独创性五大特色的银杏文化景观园。

银杏文化景观园主要包括银杏大道、诗涌甘泉、杏园逐梦、文亭诵书、诗魂琴韵、宗师风采、金湖飞瀑、长廊读史、应奎举贤、普陀水天、国树华辉、永寿胜境等十二景观。每个景观都从局部细节处体现中华银杏文化的博大精深和家乡历史文化的源远流长，丰富了银杏文化的育人内涵。

3. 开展系列活动，发挥育人功能

学校自觉落实"杏品育人"理念，积极发挥银杏景观的育人作用，形成了校本化的"两纲"教育，营造了学校德育工作的新亮点。例如，为了宣传学校先辈的抗战事迹，结合抗日战争胜利70周年，学校在银杏树下举行了"颂先辈抗战功绩，抒杏子爱国情怀"——纪念抗日战争胜利70周年教育活动。纪念活动上，学生讲的是学校先辈抗战故事，诵的是学校先辈抗战诗文，赞的是学校先辈抗战功绩，抒的是学校杏子报国志向。整个活动高潮迭起，学生备受教育。

每学期，学校会分期分批组织各班到"杏园逐梦"景观下举行以"逐梦杏园，放飞梦想"为主题的班会活动，让学生畅谈自己的梦想。

干巷学校还利用现代网络技术设计了以"快乐体验，播种梦想"为目的,寓读、学、练、玩于一体的"干巷学校银杏文化教育在线体验馆"。体验馆总场景以干巷学校银杏文化景观园鸟瞰图为蓝本,搭建了"走进银杏""银杏诗苑""银杏之最""银杏美食""礼赞银杏"等五个自主学习体验分馆。让师生通过阅读、答题获得积分,积分再换取银杏种子和银杏生长所需的阳光、肥料等,呵护银杏长成参天大树,最终收获果实,体现"我和银杏共成长"的理念,达到寓教于乐的效果。

学校校园的建筑、设施、布置、景色不仅要安全健康、温馨舒适,还要结合办学特色、办学理念进行精心的设计,校园内的一草一木、一砖一石都可以发挥教育引导和熏陶作用。校园文化景观更是环境育人的重要载体,在情感认同、文化共鸣、价值追求等方面起着举足轻重的作用。干巷学校坚持"杏品育人"的理念,挖掘特有的银杏文化和民族精神教育资源,通过打造"纵贯古今、涵盖中外、超越时空、堪称经典"的银杏文化景观园,充分发挥了其濡染、凝聚、激励、美育、娱乐等育人的作用。2016年干巷学校的"杏园"景观获评上海普教系统培育和践行社会主义核心价值观十佳校园新景观。

参考文献

[1] 陈宏观.党建引领下的校园文化实践[N].学习强国上海学习平台,2019 - 12 - 24.
[2] 郁利锋.创建"杏园"蕴文化,弘扬"杏品"塑人格[J].现代教学,2017(5).

(徐　兰)

第四节　大中小德育一体化建设

立德树人是教育的根本任务,立德树人是一项系统性工程,工程建设必须强调系统性和衔接性。"德"是根基,是系统的首要环节,在立德的基础上才能更好地树人,才能培养社会主义建设的合格接班人。建立起大中小德育一体化体系是落实立德树人的关键所指,中央陆续颁布了《关于整体规划大中小学德育体系的意见》《中小学德育工作指南》《关于深化新时代学校思想政治理论课改革创新的若干意见》等专门性文件,文件中明确提出构建以社会主义核心价值观为引领的大中小幼一体化德育体系。

大中小德育一体化强调纵向学段上和横向学科上相互联系渗透,形成系统体系化的有机整体,如何将德育一体化建设落细落小落实是教育部门和各级各类学校面临的挑战。山东省通过"德育课程、学科课程、文化课程、实践活动课程"四位一体的德育课程加强德育一体化建设;北京市加强"建立德育要素融通一体、学段衔接一体、各方协同一体的德育工作新格局"的大中小幼德育体系目标建设;广东省采取一体化推进思政课教学研究和交流、专业团队和协作平台建设、加强领导等措施推动大中小学思政课一体化建设;上海市将中小学学科德育与高校课程思政改革进行有效衔接贯通,成立大中小学一体化专业发展共同体[1]。这些实践为大中小德育一体化建设提供了有益的探索,但也凸显出一些问题和困境。

一、大中小德育一体化内涵

理解德育一体化建设首先要明确"德育"和"一体化"的内涵所指。"德育"有狭义和广义之分,狭义的德育指在学校内面向学生所开展的道德教育,广义的德育除了学校教育,还包括家庭和整个社会的道德教育、思想价值观教育、政治法制教育、心理健康教育等综合教育。采取广义的德育理解,更加有助于不同阶段学生的道德素养的提升。

"一体化"强调事物内在要素之间的融合,形成和谐的有机整体。德育一体化既要有知、情、意、行的品德要素,也要有目标、内容、方法等具体呈现,同时还要考虑家庭、学校、社会的多维方面。这些要素之间有序有效地发挥功能最大化和最优化,才能使德育效能充分体现。"一体化"在强调整体性的同时,还要考虑顺序性,也就是根据学生年龄发展阶段进行设计,体现出联系性和发展性。

大中小德育一体化建设旨在构建各要素横向贯通和纵向有机衔接,实现学生思想道德素养有序发展。实现大中小德育一体化建设重点关注以下方面:一是德育课程、内容的衔接,将显性课程和隐性课程有机融合;二是提升教师的育德意识和能力,激发学生道德修养的自觉自查;三是形成校内外育德合力。

二、大中小德育一体化建设需要重视的问题

实现大中小德育一体化是一个系统工程,实现大中小学德育一体化,学段间的纵向衔接和学段内及家庭、学校、社会间的横向贯通都需要加强,不断构筑起纵横结合、立体化网络化的育人格局[2]。在实践的建设过程中,从纵向和横向的角度来看,都存在一些需要重视的问题。

(一)德育开展载体的主次途径需要进一步优化

思想政治课是德育的主要途径。2019 年,习近平总书记在学校思想政治理论课教师座谈会上指出,"在大中小学循序渐进、螺旋上升地开设思想政治理论课非常必要,是培养一代又一代社会主义建设者和接班人的重要保障"。大中小学思政课一体化设计要按照循序渐进、螺旋上升的原则,体现出各学段前后相互衔接的特征。但现在的很多思政课设计却只呈现"从小到大"的线性关系,其课程教学内容存在片面性,存在机械化和重合化。高校思政课程内容强调马克思主义理论体系的学科逻辑性,而中小学则相对偏重少年儿童的个体经验。如果以过强的专业学科理论设计中小学的内容的话,就会造成学生的学习障碍。反之,如果过于强调学生的意愿和经验来组织课程的话,就不能真正提升学生的客观规律性认识。

间接的学科课程、社会实践、校园生活等是德育的次要途径,但次要途径有时候会对个体产生重要影响。在实践中,思政课程和课程思政的一体化建设尚未形成全学科的体系,没有形成既尊重学科特性又实现立德树人的根本任务。社会实践、校园生活等其他活动还存在着

开展较为随意、内容设计不合理、形式单一等情况,缺乏德育目标设计,缺乏德育蕴含的资源挖掘。造成这些问题的原因主要是德育资源的非整合、德育主客体之间缺乏统筹。

(二) 德育队伍教师主导性和学生主体性需要进一步发挥

德育实施主体和受教育对象是德育一体化的重要因素,习近平总书记在学校思想政治理论课教师座谈会上指出,要坚持主导性和主体性相统一。但在实践中,很多教师缺乏德育一体化的意识,缺少主动与不同学段衔接、与其他学科贯通的德育实践能力,无法达到"育人者先自育"的要求,顶层设计和整体规划的力量也略显单薄,各学段德育教师和德育研究者缺乏沟通交流。不同学段的教师往往只关注本学段德育目标的制定,并不是很了解其他学段德育的目标和要求。而学生缺少积极参与德育活动的主体性意识,缺少自觉提升道德修养的内在原生动力。在德育开展过程中,教师和学生不是二元对立的,而是相互交融的共同体。教师不是脱离具体情境的教学实施者,而更应该是以德育目标为定向来开展实际问题导向的情境式教学,教师要对整个教学中的思想道德和价值观元素进行提炼和内化。

(三) 教育系统内外需要加强协同

德育成效通过协同融合才能更好地取得应有的效果,德育工作的建设并不只是单一地由学校发力,同时还需要社会、家庭的同向同行的和谐发力。学生不是处在封闭的环境中,各方面都离不开社会大环境,社会的良性风气对于学生的影响至关重要,尤其是互联网对学生的影响非常广泛,未来社会也是检验学生德育发展水平的主要平台。家庭教育环境是对学生的成长发展起着基础性的作用,非智性的家庭德育有时候制约着学校德育功效的发挥,牵制着学生德育素养的提升。在德育具体实践过程中,家校社并没有形成较好的协同机制,存在着错位、缺位等问题,其最终的德育效果肯定也是难尽人意。

除了家校社需要协同外,还必须看到政府在德育工作的统筹力和引导力,其本身就是一种德育资源。习近平总书记在学校思想政治课教师座谈会上指出了大中小学思想政治课一体化的重要意义,更对各级党委在思想政治理论课建设中的角色定位和功能作用作了具体部署,指出要建立党委统一领导、党政齐抓共管、有关部门各负其责、全社会协同配合的工作格局。但在具体实践中,对标对齐,政府在德育职能建设还是不够的,体现在德育专项教师师资配备、教师培训、德育资源保障等方面。

此外,德育一体化机制尚未完全建立,规章制度、管理体制、德育评价机制等各方面都存在各学段之间断裂和隔断的情况。

三、大中小德育一体化建设路径思考

（一）加强党的领导,做好顶层设计,明确责任和资源保障

德育教育比单纯的知识教育复杂,更需要发挥国家层面的统筹、协调和规划作用。推进大中小学德育一体化进程,在国家层面上要强化教育管理部门和其他各部门之间的协同、联动与配合,做好顶层设计。各教育部门、学校党组织要把推进大中小德育一体化作为开展立德树人根本任务的重要抓手,落实主体责任由各学校党组织负责的机制,建立党委领导、党政共管、部门负责、专项小组的工作格局。明晰德育管理体制,加强科学化的制度设计,对于一些制度本身存在不合理、不完善、操作性不强等问题,加强管理,废除制度。

在统筹规划、协调一致,形成高效运转的德育场域空间的基础上,健全资源保障,建立多维度协同配合机制。首先是人力资源保障,加强队伍建设,打造一支科学化、先进化的德育领导团队,既要有清醒的政治认识,也要有坚定的政治立场,能够将立德树人工作作为主要工作重心;同时加强师资配备和培训,增强全体教师的育德意识和能力。其次是资金保障,在德育一体化构建的过程中需要有专项资金的保障,促进各项措施有效落实,比如活动开展费、理论研究费、人员劳务费等等。再次是物质保障,除了共享一些优质的德育平台外,还可以加强与科研院所、文博物馆等各方面的互通,也可以加强对理论科研资源的共享

等。此外,开展创新型实践增强德育一体化的探索试点保障,形成典型进行推广,通过强强联合、强弱结对等形成资源的互通有无。

（二）完善德育内外在各要素的有效衔接

1. 立足实际,抓牢主线,明确德育目标

习近平总书记在党的十九大报告中提出我们要培养"一批担当民族复兴大任的时代新人",同时在全国教育大会上也着重强调"要培养德智体美劳全面发展的社会主义建设者和接班人"[3]。新时期德育的主要目标是围绕学生成长成才开展,培养合格的建设者和接班人。在大中小德育一体化过程中,要在德育整体性目标要求的基础上,界定各学段分别德育目标,同时对各学段如何衔接提出具体建议。在目标的设定过程中注意以下几个方面:一是理解党中央、国家教育方针政策,以全局观念明确各学段、各学科、各主体的目标;二是依据年龄维度,根据学生不同年龄阶段的身心发展特点设置符合学生阶段认知和行为的差异化目标;三是注重目标的衔接性,剔除目标的模糊性和重复性,要有层次上的合理性和内在逻辑性,能切实提升学生的德育素养。

2. 统筹规划,首尾一体,落实德育内容

基于课程、基于学校,但又要超越课程、超越学校,把学校小课堂与社会大课堂结合起来,构建"大思政课""大德育"。

首先是德育课程和课程德育的一体化。贯彻大中小德育一体化在学段上呈现阶梯式的循序渐进、循环上升的理念,对思政课内容进行体系化顶层设计。把"国家意识""政治认同""文化自信"等作为内容设计的重点,比如在增进文化自信方面,将优秀传统文化、红色革命文化、先进社会文化等作为重要内容进行设计。小学阶段注重道德启蒙教育,初中阶段侧重道德认知和认识,高中阶段强调担当使命,大学应以坚定理想信念为重点。"所有学科教师不仅要教授学生知识,更需要承担起培养学生道德品质的责任",这就要求所有学科教师都要将知识传授和道德教育进行结合,发挥好课程德育的育人功能。

其次是德育活动的整体化设计。明确德育活动系统化建设,形成体系化框架,规划好德育活动方式,符合学生成长规律特点。

3. 加大培养,增强力量,建设德育队伍

配齐配强德育师资,要求在高校根据师生比的具体情况配置德育工作者,在中小学配备充足的师资队伍,加强队伍培训,通过多种培训方式提升德育队伍的育德能力和阶段衔接意识。在职前培训和在职培训中形成长效化的一体化培训机制,充分发挥教师在德育一体化中的主导性,将"德育为先"的意识和培养贯穿在教师生涯的始终。增强思政课教师跨学段、跨学科能力,激发其他学科教师的育人意识和责任使命,在德育过程中注重教师队伍之间的整体规划与协作。

(三) 建立有效的德育评价反馈机制

系统而科学的评价机制对于大中小德育一体化建设具有重要的推动作用,建立有效的评价机制重点关注评价主体、评价内容、评价方式。采取多元的评价主体,教师和学生等既可以是评价主体,也可以是评价对象,教师对学生的思想状况、成就表现、与人交往表现等作出评价,也要对自我德育能力和素养进行评价而学生定期进行自我反思,对思想、课业成绩、平时表现等方面进行客观公正的评价,或发现问题,或肯定成绩。此外,社会评价、学校评价以及家庭评价作为衡量评价效果的重要手段。评价内容上,注重评价学生的心理素质、思想品德素养、德育行为的养成等内容,关心评价体系的变化与发展。在评价方式上既要看重结果评价,也要注重过程性和生成性评价,将定量评价和定性评价进行有机结合。在完成评价后,注重分析评价结果,通过分析从结果中发现相关问题,及时有效地解决问题,通过评价来反馈实践效果。

(四) 形成德育合力,建设大德育体系

推进大中小学德育一体化进程,要形成政府、学校、家庭、社会四位一体的同向共进局面。强化教育管理部门和其他各部门之间的协同、联动与配合,以便做好顶层设计,统筹推进大中小学德育一体化建设,提升各级各类学校的德育建设和教育教学水平。拓展学校德育的外延,营造良好的德育氛围,健全大德育体系。注重协同目标、内容的衔接和分工,使德育更具科学性和长效性。

案例 **走社区,看党建**

——上经贸大附校大中小一体化暑期社会实践项目介绍

一、项目简介

为推动思政课小课堂与社会大课堂相结合的大中小思政课一体化,进一步增强少年儿童对中国特色社会主义的道路自信、理论自信、制度自信和文化自信,上海对外经贸大学与附校联合开展"走·看"系列大中小一体化社会实践已走过 5 年。上海对外经贸大学附属松江实验学校"小脚丫去丈量,小眼睛看变化"系列暑期实践活动,已连续开展2 期,分别为——"走家乡,看变化""走社会,看党建"。

2022 年,在打赢"大上海保卫战"的关键时刻,在党的第二十次全国代表大会胜利召开之际,上经贸大附校以"走社区,看党建"为主题,号召少先队员以小队形式,走进社区,寻找榜样,看到发展,体会社会进步,感受社会关怀,深刻认识取得抗疫胜利的艰辛与不易。同时,与大学、中学携手,学生们针对同一问题,以不同视角共同探讨社区发展;与社区共建,为学生开拓实践活动新场地。

二、项目实施

1. **方案制定**。经上经贸大附校与上海对外经贸大学、花园分校思政一体化工作小组商议决定,以"走社区,看党建"为 2022 年暑期实践活动主题。同时结合上海市红领巾暑期社区实践营活动相关部署制定本次实践活动方案。

2. **队伍组建**。大学招募大学生志愿辅导员,中小学组建学生队伍,招募教师志愿者及家长志愿辅导员共同参与活动。学生队伍的组建充分利用上海市"十五分钟幸福圈"数字平台,根据家庭住址就近分配,减少跨社区活动。

3. **实践开展**。各小队在家长志愿辅导员的组织下,组建线下联系渠道。队员们集体讨论实践活动开展方向、时间、地点等具体内容,并分配不同任务。在活动中,队员通过文字、视频等方式进行记录。活动结束后,统一形成文字报告,分享实践活动感想。大学生志愿辅导员在实践活动中起辅导、辅助活动开展作用,同时从大学生的角度探究社区党建发展,形成探究报告。

4. 实践成果。共计200多名大学生和我校小学部约50个小队300人、中学部30多个小队150余人参与此次暑期社会实践活动。大学、附校学子调研队伍遍及全国18个省市自治区、33个市县,师生用脚步丈量祖国大地,用眼去观看社区生活,用心去感受基层党组织坚定理想信念、全心全意为人民服务的精神,用脑去感悟新时代十年来城市基层党建所取得的巨大变化和成功经验。开学初,大学和附校联合举办宣讲会,宣讲优秀事迹、表彰优秀小队和个人,活动受到多家新闻媒体转载报道。

三、项目特色

(一) 行走中看变化、寻榜样,喜迎党的二十大

2022年上半年突如其来的疫情打乱原来的生活节奏,学生由线下的校园生活转为线上居家学习,更多的时间在家庭、社区当中。同时,抗疫期间,社区中也不断涌现着闪光人物的动人事迹。我们的生活转为正常,疫情发展得以遏制,最终取得"大上海保卫战"的成功,既离不开社区工作人员的辛苦付出,也有人民群众的积极参与。

另一方面,在党的第二十次全国代表大会召开之际,探寻社区党建工作的发展变化等社会热点。队员们走进社区,探寻社区先锋榜样,既增强了对社区工作的理解与认知,更加直观认识到疫情期间社区工作、志愿工作开展的不易,也能体会到社会对少年儿童的关心爱护,感受党组织、党员勇于奉献的精神。

(二) 行走中探热点、明责任,提升育人实效

实践探究有梯度,多视角解密社区工作。小学少先队员聚焦疫情期间的感人故事,如"一把葱引发的物资大交流""疫情无情人有情""团结就是力量"等;中学少先队员针对社区建设提出问题,如"房屋渗水问题如何解决?""小区如何解决流浪动物与社区生态环境间的关系?"等;大学生侧重社区管理、党建工作发展。多维度的探究帮助队员们更加直观地了解社区、社区工作,能以"小主人"的视角看待社区发展。

探究报告有递进,共同完善活动成果。不同学段学生侧重各自探究方向完成探究报告,由大学生志愿辅导员进行指导、修改与汇总,完成最终探究成果。活动过后队员们在大学生辅导员的指导下提交了他们的活动报告,写下了他们的所思所悟,为社区发展建言献策,参与社区治理,让成人听到少先队员的声音,补足社区治理中的"盲区"。在社会大课堂中开展生动的思想政治教育,提升育人实效。

(三) 大手牵着小手走,体现思政一体化

大中小学开展合作,社会实践的"朋友圈"更广,规模更大,这也符合教育部等十部门印发《全面推进"大思政课"建设的工作方案》的要求,不断拓展工作格局,推进大中小学思政课一体化建设。

四、活动意义

此项活动的价值之一,在于基于城市文化底蕴和社区的运作模式,带领学生在行走中探寻城市变迁,在亲身实践中传承与践行城市精神,培养公民责任。价值之二,在于打破课堂的围墙,将思政教育从校园小课堂搬进社会大课堂,为学生打造新形式的思政社会实践舞台。价值之三,在于使得新课标中综合性和实践性目标得以充分体现,使学校"五自"学生培养目标得以承载。

五、总结反思

大学共建、家长支持、社区配合,共同为少年儿童走出校园、走进社区、走向社会打下良好基础。在后续活动组织中,我校将继续挖掘社会热点,结合时事新闻,以贴近少年儿童的方式帮助孩子们认识社会,提升爱国情怀、社会责任感,引领少年儿童在社会实践中明确理想、坚定信念、增长见识,在为国家、社会、人民的奉献和服务中成长成才。

附:部分学生感想

为了帮助医务人员减轻负担,那个姐姐和她的爸爸加入了志愿群,准备参加核酸检测志愿工作。中午刚一报完名,下午就立马上岗工作了,他们的工作是给居民们分发抗原试剂。

从下午到晚上,他们挨家挨户敲门。房子里有人的话,就会等居民开门领取试剂并向他们道谢;如果没人开门,她们会趴在门上听听,确

认家里没人,他们就得用一个小袋子把试剂挂在门把上……

他们就这样一直重复着,虽然很累,但这是一件很有意义的事情!踏着夕阳,跟随着太阳公公下山的脚步,那个姐姐和她的爸爸脸上都挂着欣慰的笑容,在日落时分回到了家。

——四 4 中队　王嘉壕

2022 年春天,一场突如其来的新冠疫情席卷了整个上海。在这场疫情阻击战中,涌现出了很多先进事迹和感人故事,各种温暖善良也是频繁显现。

徐爷爷家住一楼,有一个小院子,他在院子里种了一些大葱。疫情暴发初期,所有物资都异常紧缺,很多人都买不到菜。徐爷爷见状,就在楼栋微信群里发了一条消息,让有需要葱的邻居来他家拿。可是只有一两个人来拿,于是,徐爷爷把葱装在袋子里,挂在了楼栋里每家门外的把手上。慢慢地大家也都纷纷效仿,把自家多的物资拿出来跟大家分享。一来二去,徐爷爷家门上每天都挂着不同邻居分享的物资,最多的时候,一天门把手上挂了七袋物资。大家相互分享,传递爱心。

在听徐爷爷讲故事的时候,我想到了上海这座城市的温度,想到了上海疫情保卫战的胜利是必然。在来势汹汹的疫情面前,大家都十分团结,能把自己仅有的物资拿出来分享,互帮互助。在疫情期间,我也深深体会到了邻里互助的温暖。有一次,我家电脑摄像头坏了,而我们上网课必须要用。于是,我们抱着试试看的态度,在楼栋群里问了一下,很多人都回复愿意借。有人买到了多的物资,也会发在群里分享给需要的人。

疫情就是命令,抗疫就是责任。作为一名小学生,我也想像大人们一样冲上一线,与疫情搏斗,为社会和国家贡献力量。

——四 4 中队　李欣燃

参考文献

[1] 李昕.统筹推进大中小学一体化　推动思政课建设内涵式发展[J].中国高等

教育,2019,(7).

［2］冯刚,徐文倩.把握新时代大中小学思想政治教育一体化建设内在规律[J].中国高等教育,2020,(2).

［3］坚持中国特色社会主义教育发展道路培养德智体美劳全面发展的社会主义建设者和接班人[N].人民日报,2018－09－11(01).

［4］张志勇.省域中小学德育课程一体化的建构与实践[J].人民教育,2019(Z1).

［5］翁铁慧.大中小学课程德育一体化建设的整体架构与实践路径研究[J].上海师范大学学报(哲学社会科学版),2018(5).

［6］刘志.县域教育行政部门落实立德树人工作的角色、瓶颈与路径——基于教育政策执行的视角[J].中国电化教育,2020(7).

［7］秦红.努力促进中小学德育课程一体化[J].中小学班主任,2019(2).

［8］韩震.大中小学德育一体化思路下的德育教材体系建设[J].教育研究,2020(3).

［9］韩春红,沈晔.推进大中小学德育一体化的现实困境及机制建设探究[J].中国电化教育,2021(2).

（王本运）

第二章

德育管理机制完善创新（上）

第一节　德育行政部门设置和
干部培养机制

《中小学德育工作指南》中强调,要积极推进学校治理现代化,提高学校管理水平,将中小学德育工作的要求贯穿于学校管理制度的每一个细节之中。因此,学校德育部门的设置和干部培养机制的建立与完善是学校工作的重要部分。

一、我国德育行政部门的发展历程

1949 年中华人民共和国成立后,国家开始建立统一的教育制度,德育工作也得到了系统化的规划和管理。70 多年来,随着中国经济的发展和教育体制改革的推进,德育行政部门也经历了一系列的改革和调整,经历了建立完善、创新发展的过程。在这个过程中,国家对德育工作的重视程度逐渐提升,德育行政部门的职能和作用得到了认可和加强。同时,德育工作也在不断适应社会发展和教育改革的需求,致力于培养全面发展的社会主义建设者和接班人。

（一）第一阶段：逐步建立德育行政部门

20 世纪 50 年代,中国开始了广泛的教育改革。明确教育工作的根本目的和任务,成立了德育行政部门,主要称为"德育处"或"德育科",开始正式组织和管理中小学校的德育工作。这些部门主要负责制定德育政策和方针、组织德育教育和管理德育工作等任务。同时,德育工作也逐渐从单纯的思想道德教育转向了全面的素质教育。

（二）第二阶段：德育行政部门的重建和创新

20 世纪 80 年代,中国开始实行教育改革开放政策,德育工作也进入了一个新的阶段。德育行政部门逐渐向学校内部转移,成为学校的一个重要组成部分。每所中小学校都要设立德育主管部门,由校领导担任德育工作的领导和管理者。这些部门主要负责制定本校的德育计划,指导德育工作的实施,评价德育成果等。但在1980年代末期,随着教育改革的推进,德育工作的管理部门又逐渐恢复了"德育处"或"德育科"的名称。

(三)第三阶段:德育行政部门的完善和发展

近年来,中国政府提出了全面从严治党的方针,加强了学校德育工作。在新时代背景下,随着教育管理体制的不断改革和完善,德育行政部门的名称也不断变化。目前,不同地区和学校的德育行政部门的名称也有所不同,主要包括"德育处""德育科""思政部""学生工作部""教育处"等。

学校德育部门的历史沿革反映了中国教育改革和发展的历程,也体现了学校德育工作的重要性和发展趋势。

二、新体制下,德育行政部门设置和干部培养机制改革的必要性

新体制下的党组织领导的校长负责制是指党组织成为学校最高领导机构,校长负责制下的校长接受党组织领导和监督。在这种情况下,积极推进德育行政部门设置和干部培养机制改革,以更好地适应新时代的德育工作需要,其必要性主要有以下几个方面。

(一)适应新时代的德育工作需要

随着社会的不断发展,学生的成长环境和心理状况也发生了很大的变化,德育工作需要精细化管理和高效运作,需要更加关注学生的全面发展和健康成长。学校德育行政部门需要及时调整自身的结构和职能,以提高德育工作的效率和质量,更好地适应新时代的德育工作需要。

(二)强化学校德育工作的指导和监督

新体制下,校长负责制的实施,使得校长需要承担更多的责任和义

务,包括保障德育工作的落实,而学校德育工作的质量和效果又直接关系到学生的成长和发展,因此通过设置德育行政部门,可以对德育工作进行全面的规划、组织、协调和指导,加强对德育工作的监督和评估,确保德育工作的质量和效果。

（三）培养符合新时代要求的德育工作人才

新时代对德育工作人才的要求也越来越高,需要德育工作人才具备较高的专业素质和创新能力,能够适应新时代的德育工作需要,更好地服务于学生的成长和发展。通过改革德育工作人才培养机制,可以培养更多符合新时代要求的德育工作人才,推动学校德育工作的不断发展和进步。

（四）推动学校德育工作的创新和全面发展

学校的全面发展需要德育工作的有力支持和保障。德育工作是学校教育工作的重要组成部分,需要与时俱进,不断推陈出新,以适应社会的发展和学生的成长需求。因此,德育部门的设置和干部培养机制需要进行改革,以推进德育工作的创新和发展,提升学校德育工作的质量和水平,从而推动学校的全面发展。

三、新体制下的德育行政部门设置的基本要求和原则

在新体制下,德育部门是学校重要的管理机构之一,其设置应遵循以下基本要求和原则。

（一）充分发挥党组织的领导作用

德育行政部门的设置必须充分发挥党组织的领导作用,确保德育工作贯彻党的教育方针,落实德育目标,不断提高教育教学质量。

（二）服务学校德育工作的需要

德育行政部门的设置应该建立在服务学校德育工作的需求之上,旨在加强学校德育工作的管理和指导,突出德育的特殊性,制定专业的

德育规划,设计科学的德育课程,提供全方位的德育服务,促进学生德智体美劳全面发展。

(三) 推进教育教学改革

德育行政部门的设置要紧密结合教育教学改革,积极探索教育教学改革与德育工作的有机结合,促进学校的整体发展,为学生提供更加优质的教育教学服务。

(四) 体现专业化和科学化

德育行政部门应该是一个专业化、科学化的机构,具有德育工作管理的专业知识和能力。德育行政部门应注重人才培养和团队建设,营造浓厚的德育氛围,吸引、培养和留住优秀德育工作者,提升德育工作的专业水平。

四、新体制下的德育行政部门的职责以及如何与其他部门协同工作

学校德育行政部门的职责和工作范围是多方面的,需要贯彻服务学生、科学管理、实效导向等原则,加强协调和整合,促进学校德育工作的全面发展。

(一) 职责和工作范围

1. 制定德育工作计划和方案

德育行政部门需要根据学校的德育目标和任务,制定德育工作的长期和短期计划和方案,并组织实施和推进德育工作。

2. 指导和管理德育工作

德育行政部门需要指导和管理学校的德育工作,包括课程设置、教学方法、教学评价等方面的指导和管理。

3. 督促和检查德育工作

德育行政部门需要定期对学校的德育工作进行督促和检查,及时

发现问题并采取措施加以解决。

4. 组织德育活动和课程

德育行政部门需要组织学校的德育活动和课程,包括校园文化活动、德育讲座、社会实践等。

5. 建立学生德育档案

德育行政部门需要建立学生德育档案,记录学生的德育成长和表现,为学生的德育评价和管理提供依据。

6. 开展德育研究和培训

德育行政部门需要开展德育研究和培训,提高德育工作的科学化和专业化水平。

7. 与社会协调合作

德育行政部门需要与社会协调合作,加强学校与社会的联系和互动,促进学校德育工作的开展和提高。

(二) 与其他部门协同工作

在新体制下,德育行政部门需要与学校的其他部门协同工作,实现资源共享、互相支持,共同推进学校德育工作的发展和进步。具体来说,可以从以下几个方面进行协同工作。

1. 与教学部门协同工作

德育行政部门需要与教学部门紧密配合,加强德育课程和教学的协同和整合,共同制定德育课程、教材和评价标准,以确保德育教育与学科教育的有机融合,发挥教育教学的整体效应,实现教育教学与德育工作的无缝衔接。

2. 与学生工作部门协同工作

德育行政部门可以与学生工作部门联合开展德育活动和课程,共同关心学生的身心健康和发展,加强学生思想政治教育,协同解决学生在成长过程中遇到的问题。

3. 与人事部门协同工作

德育行政部门需要与学校人事处协同工作,共同制定德育教师的招聘、培训和评价标准,为德育教师的发展提供支持和帮助。

4. 与后勤部门协同工作

后勤部门是学校保障师生日常生活的部门,德育行政部门需要与后勤部门紧密配合,共同推进校园文化的建设和发展,营造良好的教育环境,为学生的身心健康和德育教育提供良好的物质保障,促进学生的全面成长和发展。

5. 与家长和社会协同工作

德育行政部门需要与家长和社会协同合作,共同关注学生的德育成长,加强学校与家长、社会的联系和互动,为学生的德育教育提供更好的服务和保障。

6. 与校领导班子协同工作

德育行政部门可以与学校领导班子密切配合,共同制定学校的德育发展战略和目标,统筹安排和部署德育工作,为学校的发展和进步提供支持和保障。

五、德育行政部门设置的模式、形式和管理机制

(一) 德育行政部门设置的模式

德育行政部门的设置应该以服务学校德育为主要目标,保障学生全面发展和高质量教育的实现。常见的模式有以下几种。

1. 统一领导模式

在学校中设立德育行政部门,负责全校的德育工作,包括制定学生德育规划、开展德育教育活动、管理学生行为等。

2. 学科融合模式

在各学科教师中设置德育骨干教师,由他们负责各自所教学科的德育工作。这种模式可以将德育融入各学科教学中,使德育更具体、更有针对性。

3. 班主任主导模式

班主任在班级中担任德育工作的主导角色,负责学生的日常管理、组织班级德育教育活动、协调学生问题处理等工作。在这种模式下,学生德育与班级管理密不可分。

4. 教育督导模式

学校设置专门的教育督导部门或者由校长兼任督导角色,负责监督学校的德育工作,定期进行评估和指导,确保德育工作有效落实。

以上模式不是绝对孤立的,也可以在实际应用中相互结合,根据实际情况进行调整和变化。无论是哪种模式,德育行政部门的主要目标都是帮助学生形成正确的价值观和道德观,提高学生的综合素质。新体制下,德育部门的设置应该采取平行管理和垂直管理相结合的模式。平行管理意味着德育部门需要与其他管理部门保持一定的平衡,共同协作,实现相互支持;而垂直管理意味着德育部门需要具备相应的管理职能,对德育工作进行计划、组织、指导和监督。

(二) 德育行政部门设置的形式

德育行政部门是学校中负责学生德育管理的部门,其设置形式因地区、学校类型和规模的不同而有所不同。下面列举一些常见的德育行政部门设置形式。

1. 德育处

德育处通常是学校中负责德育工作的主要部门,负责制定学校德育工作计划、开展德育教育活动、管理学生行为等工作。在大多数中小学校中,德育处通常由一名德育处长或者德育主任领导,并有一定的职能和权力。

2. 学生处

学生处是大多数高校中负责学生管理的部门,其职责不仅包括学生德育管理,还包括学生生活管理、团学组织管理、心理健康教育等。学生处通常由一名学生处长领导,下设多个科室,如德育科、学生管理科、团委办公室等。

3. 辅导员办公室

辅导员是学校中直接负责学生德育工作的人员,他们的工作包括对学生进行思想教育、行为规范引导、心理辅导等。辅导员办公室通常是由多名辅导员组成的,他们负责管理学生班级、开展班级德育工作、协调学生家庭和学校之间的联系等。

4. 班主任工作室

在一些中小学校中,班主任工作室也被视为一种德育行政部门,其职责与辅导员类似,主要负责管理学生班级,组织学生参加各种德育活动,督促学生遵守纪律等。

(三) 德育行政部门的管理机制

德育行政部门是负责学校德育管理的机构,新体制下,德育部门的管理机制应该建立在规范化、科学化和信息化的基础上,充分利用现代科技手段,构建德育工作的管理体系,使得德育工作的各项任务得以科学化、系统化和规范化,提高管理效率。同时,德育部门需要建立健全的考核评估制度和激励机制,以激发工作积极性和创造性,不断提升德育工作质量。其管理机制包括以下几个方面。

1. 德育管理制度

德育行政部门需要建立完善的德育管理制度,包括德育规章制度、德育工作方案、德育考核评估制度等,以保障学校德育工作的顺利开展和有效实施。

2. 德育人员管理

德育行政部门需要对德育工作人员进行管理,包括选拔、培训、考核、奖惩等方面。通过科学的管理方法和有效的激励机制,促进德育工作人员的专业化、稳定性和工作质量的提高。

3. 德育资源管理

德育行政部门需要管理和调配学校德育资源,包括人力、物力、财力等方面,确保学校德育工作有充足的资源保障,为德育工作提供有力的支持。

4. 德育宣传与培训

德育行政部门需要加强对学校德育工作的宣传和推广,提高社会对学校德育工作的认知度和支持度;同时,开展德育培训和交流,提高德育工作人员的专业能力和素质水平。

5. 德育协调与指导

德育行政部门需要对学校德育工作进行协调和指导,包括制定德育工作计划、组织开展各种德育活动、监督德育工作实施情况等,促进学校德育工作的顺利开展和有效实施。

六、德育干部需具备的能力和素养

新体制下德育干部需要具备全面、综合的能力和素养,注重理论与实践相结合,注重跨学科、跨领域、跨文化的综合素养培养,不断提升自身的综合素质和能力水平,为推进中国教育事业的发展作出积极的贡献。在新体制下,德育干部需要具备以下能力和素养。

（一）德育理论知识

具备扎实的德育理论知识,包括德育思想、德育原则、德育方法、德育课程、德育评价等方面的知识,能够深入理解德育工作的目标、原则和方法,为德育工作的实践提供理论支撑。

（二）教育心理学知识

德育干部需要了解教育心理学知识,包括儿童心理学、青少年心理学、学习心理学、人格心理学等方面的知识,以更好地理解和指导学生的心理发展和行为习惯养成。

（三）教育技能

具备教育技能,包括课堂管理、教学设计、评估等方面的技能,能够有效地组织和开展德育教育活动。

（四）学科和跨学科知识

德育干部还需要掌握相关的学科知识,如伦理学、道德教育、品德教育等。同时,还需具备跨学科知识,能够融合不同领域的知识和技能,为德育工作提供多元化的视角和思路。

（五）团队协作能力

具备良好的沟通能力和团队协作能力,能够有效地与学生、家长、教师和其他部门进行沟通和协作,共同完成德育工作,发挥团队的力量和效应。

(六) 创新思维能力

具备创新思维能力,能够拓展思路,寻求新的德育工作模式和方法,推动德育工作的创新和发展。

(七) 社会责任感

具备强烈的社会责任感,能够积极参与社会公益活动,为社会作出贡献。

(八) 全球化视野

具备全球化视野,了解国际教育发展趋势和最新成果,积极学习和借鉴国际先进经验,为推进中国教育国际化发展作出贡献。

七、德育干部培养的机制建构

(一) 常见的德育干部培养机制

1. 选拔机制

德育干部的选拔应该是基于综合素质评价的,通过考察干部的政治素质、职业操守、德育实践能力、综合表现等方面来确定干部的选拔和任用。

2. 培训机制

德育干部应该接受系统的职业培训,包括理论课程学习、实践操作、案例分析、经验分享等。培训的形式可以是线上、线下,也可以是集中、分散进行。

3. 考核机制

德育干部应该接受定期的职业素质和业绩考核,对于考核结果不合格的干部要进行必要的整改和提升。考核结果应该与职业晋升和奖惩挂钩。

4. 激励机制

德育干部应该有明确的职业发展规划和晋升通道,同时要有相应的激励政策,包括薪酬、职称评定、岗位晋升、表彰奖励等,以激发干部的工作积极性和创造性。

5. 沟通机制

德育干部应该建立与上级领导、同事、下属之间的沟通机制,及时反映工作情况和问题,听取上级领导和同事的意见和建议,以共同推动德育工作的顺利开展。

6. 引导机制

德育干部应该引导学生健康成长,树立正确的人生观、价值观和道德观,促进学生德智体美劳全面发展。引导机制可以是组织学生参加各种社会实践和志愿服务活动,开展主题班会和讲座等,使学生在实践中感受德育的力量。

(二) 构建德育干部培养机制的措施

构建高效的德育干部培养机制,需要学校从多个方面入手,注重培养德育干部的基本素质,建立学习和发展机制,加强与家长、社会的联系,同时也需要借鉴其他学校和行业的经验,不断完善和创新机制,以推动德育干部的持续成长和发展,为学校德育工作的发展提供坚实的保障。

1. 建立德育干部工作与教学管理的互动机制

德育干部应该与教学管理紧密结合,形成互动机制,共同推进学校德育工作的发展。在教学管理中,可以通过加强学生的道德教育提高学生的综合素质,这也是德育干部工作的重要方面。

2. 强化德育干部基层实践经验

德育干部需要在基层岗位中不断锤炼实践经验,从实践中不断提高自身素质和能力。学校可以通过教学等各种形式的基层实践,提高德育干部的实践能力和管理能力。

3. 加强德育工作的宣传和推广

学校可以加强对德育工作的宣传和推广,提高全校师生对德育工作的重视和认识,为德育干部的培养提供更好的社会氛围和环境。

4. 注重培养德育干部的基本素质

德育干部不仅要有较高的教育理论水平,还要具备良好的道德品质和人文素养。因此,在培养德育干部时,应注重培养其基本素质,为其今后的工作打下坚实的基础。

5. 建立德育干部的学习和发展机制

学校应该为德育干部建立学习和发展机制,鼓励他们持续学习和提高自身素质,同时也要为他们提供良好的发展平台和机会。

6. 加强德育干部与家长、社会的联系

学校应该加强德育干部与家长、社会的联系,通过与家长、社会各界的互动,为德育干部提供更广泛的经验和更大的视野,同时也可以增强学校和家长、社会的沟通和合作。

八、新体制下的德育部门设置和干部培养机制案例及分析

学校党组织领导的校长负责制背景下的德育工作,必须在政治思想的高度上建立高效灵活的组织机制和干部培养机制,增强德育工作的实效性。

案例 上海市教育学会青浦清河湾中学"五子登科"构建新体制下德育干部培养机制

习近平总书记在庆祝中国共产主义青年团成立100周年大会上强调,"各级党委组织要倾注极大热忱研究青年成长规律和时代特点,拿出极大精力抓青年工作,做青年朋友的知心人、青年工作的热心人、青年群众的引路人"。上海市教育学会青浦清河湾中学深入学习贯彻习近平总书记关于年轻干部培养的重要论述,坚持从"优选、精培、严管"着手,构建五位一体的干部培养机制,促进干部成长,为全面推动高质量发展注入生机活力、提供人才支撑。

1. 精准识别选"苗子"。聚焦做大年轻干部总量,大力实施"源头

工程"，建立优秀年轻干部人才库，坚持民主推荐、科学选拔、动态补充的原则，通过专题调研、座谈交流、年度考核等方式，及时发现优秀年轻干部人选；聚焦拓宽年轻干部来源渠道，坚持在教育教学、挂职跟岗、志愿服务等一线中发现好"苗子"，破除部门、条块界限和身份壁垒，采取调任、选任、公开选拔等方式，从基层党组织中选出敢于担当、业绩突出的年轻干部到行政岗位任职，拓宽组织视野、激发干部活力，将一批口碑佳、能力强、业绩好的优秀年轻干部精准"挖掘"出来。

2. **思想淬炼强"脑子"**。聚焦部分领导干部相对缺乏系统的政治理论学习和严格的岗位业务技能锻炼等问题，要以体现我们党的优良传统和时代精神的先进模范人物为榜样，利用中青班培训、主题党日活动、跟岗锻炼等平台，有针对性地进行政治理论、领导能力、业务知识理论等方面的培训，变"大水漫灌"为"精准滴灌"，通过参加理论学习和研讨，不断提高年轻干部的思想政治素质，促进其专业发展。推行"导师帮带制"，为每名新提拔年轻干部选配一名政治坚定、经验丰富、业务精良的"师傅"进行悉心培养，结合岗位需要，有针对性地进行业务知识培训，帮助年轻干部尽快转变角色，改进工作方法和提高工作能力，以满腔热情高度负责地对待工作，埋头苦干，积极进取，务实创新，切实提升推动发展和服务群众的实际能力。

3. **政治历练压"担子"**。坚持"使用是最好的培养"培养理念，安排"好苗子"到各部门接受锻炼，到中心工作中经受考验，培养年轻干部解决复杂问题的实际能力，压实担子、夯实底子。本着"多理解、少埋怨，多帮助、少指责"的原则，在工作中爱护新人，帮助新人，扶持新人，坚持做好传、帮、带。传授知识、传授经验、传递信息，教给他们工作方法、处事方法、领导艺术；帮助他们科学合理地制定工作计划，按照班子决策和具体分工独立自主地开展工作；通过身体力行，率领、带动、感染、激励年轻干部向正确的方向前进，逐渐形成老中青结合的最佳梯次配备，为高质量发展奠定坚实的人才基础。

4. **树牢导向给"位子"**。吹响"凭能力、凭实绩、凭实干"的用人号角，鼓励和安排年轻干部到基层、到艰苦地区、到工作的第一线，通过实践积累经验，在实践中经受锻炼和考验，全面提高年轻干部的综合素质。对长期扎根基层、群众公认度高的优秀年轻干部,就地提拔使用;对基层经验相对欠缺的优秀年轻干部,及时交流到基层任职,并有意安排到困难工作负责岗位培养锻炼,确保干部用当其时、用当其位。使"到组织需要的地方去"成为党员干部的思想自觉和行动自觉。

5. 强化监督扯"袖子"。坚持"严"字当头、严爱相济,建立动态管理机制,通过日常跟踪了解、适时谈心谈话、定期汇报工作等途径,及时掌握年轻干部政治素养、思想素质、工作实绩、个人作风等各方面情况。对存在的苗头性、倾向性问题早发现、早提醒、早纠正,对群众反映强烈或出现违纪违法情况的,严格按照规定给予处理,确保年轻干部队伍素质过硬、担当有为。持续推进基层干部暖心工程,主要负责同志、组织部门负责同志定期召开年轻干部座谈会,零距离接触了解年轻干部,给予年轻干部生活和工作等方面的关爱,激励年轻干部奋进新时代、展现新作为。

学校在干部培养上始终贯彻习近平新时代中国特色社会主义思想,坚持党管干部原则,围绕立德树人根本任务,遵循干部成长规律,突出政治素质,用新时代好干部标准选拔干部、培养干部、使用干部,注重发现和培养选拔优秀年轻干部,用好各年龄段干部,逐步形成老中青相结合的干部梯队配备。要通过加强精准识别、思想淬炼、政治历练、树牢导向、强化监督,推动广大干部严格按照制度履行职责、行使权利、开展工作;通过搭建领导干部教育培养体系,使干部培养管理机制贯穿其初入、成长、成熟、成才的全过程,从而实现对干部的全生命周期培养管理,打造作风正、业务精、有朝气、有魄力、富有创新精神、堪当发展重任的德育干部队伍。

(周亚娟)

第二节　年级主任、班主任专业
发展机制的实践研究

新时代,教育改革已经是我国教育领域的一个核心话题,双新背景下,更是以人的发展为本,要求学校把年级、班级建设成为师生共同学习生活的精神家园。年级主任、班主任对年级、班级的管理和领导已经是影响双新改革落地实施的重要因素。当前对年级主任、班主任的专业化的呼声日益高涨,但是在基础教育阶段,尚未形成对年级主任、班主任群体有效的社会支持系统,尚未建立年级主任、班主任的专业成长体系,没有职称系列、教研制度,在国家层面缺少系统的专业发展平台。但不能否认的是,年级主任、班主任的专业化成长已经开始引起越来越多的重视。

一、年级主任、班主任的工作定位

年级组是学校教育教学管理的基层单位。通常情况下年级主任没有行政级别,是校党委聘任的年级组负责人,主持年级工作,负责全面贯彻教育方针,具有一定的管理职能,负责年级教师队伍建设与管理、教育教学管理,负责学生管理和各项具体教育教学活动的组织与管理,是整个年级组的"大班主任",可以在学校、教师、家长、学生之间架起沟通的桥梁,是年级组的"灵魂"与领头羊。通过年级组可以了解到各年级学生的基本状况,年级主任的作用不可小视。

班级是学校进行教育教学活动的基本单位。班主任是班级的组织者和指导者,肩负着具体贯彻党的教育方针,实施学校教育教学计划,沟通师生、学校与家庭以及社会之间的联系,落实学校育人目标的责任。班主任负责班级的全面管理,是落实立德树人教育任务的关键环节,是班级的"灵魂"与领头羊,是建班育人的主体责任人,影响着班级的发展方向、学风班风的养成以及学生的生涯成长,作用同样不可小视。

二、年级主任、班主任专业化的内涵

专业化是社会进步的表现与标志。年级主任、班主任的专业化程度,在很大程度上影响到学校德育工作落实的有效性;关注年级主任班主任的专业发展能力,就是在关注学生,关注人的发展。笔者一直觉得,做德育就是要做"目中有人"的德育。既然提出年级主任、班主任的专业化的概念,说明二者都有不可替代的功能与作用,是专门性的工作,需要专门的人员从事研究。年级主任、班主任的专业化是教师专业化的一个特殊方面,对于二者的专业化的内涵,笔者比较认可这样的说法:以教师专业化标准为基础,逐步掌握德育与班主任的相关理论知识,经过长期的学习与培养,形成班级德育和班集体建设的技巧与能力,提高自身的学术能力和地位,全面且有效地履行年级主任和班主任的工作职责。

2003 年南师大班华教授在《班主任专业化的理论与实践》一书中,指出班主任专业化是教师专业化的一个特殊的方面。班主任专业的特殊性可以概括为两个特殊的方面:一是从教育劳动的性质看,主要是精神劳动,是与学生心灵沟通,促进其精神发展的精神活动;二是班主任有其特殊的教育操作系统及发展性班级教育系统。[1]南师大齐学红教授在《学校德育与班主任专业成长》一书中,把班主任专业化的内涵主要概括为两个方面:班主任的角色内涵和班级特殊教育操作系统。即强调班主任区别于普通学科教师的特殊性:角色内容和工作内容的特殊性。[2]两位教授都从专业的角度解释了"班主任专业化"的内涵。笔者没有找到关于年级主任专业化内涵的权威解释,但是,如果我们把年级主任作为一个年级的"大班主任",年级主任专业化的内涵可以类推为:年级主任的角色内涵和年级特殊教育操作系统,强调年级主任区别于其他基层管理者的特殊性,即角色内容和工作内容的特殊性。

三、年级主任、班主任专业化发展机制

年级主任、班主任专业化是以教师专业化为基础的,以专业的观念和要求对班主任进行选择、培养、培训、管理和使用的过程。要实践和实现这个专业化的过程,需要构建一个专业的发展机制,这个发展机制要符合年级主任、班主任专业成长需要的内涵和外延,这对学校的管理者也提出了专业的要求。

(一)理念先行,目标明确

教育理念是教育实践的先导,建设教育强国的新时代,我们需要什么样的教育理念来引领?新时代的教育征程需要用系统全面的教育理念来注解"中国特色"、引领"现代化"、刻画"高质量"。以理念现代化的先行,策应国家发展战略、理念的创新,明晰教育现代化的境界,提升教育人的理想和情怀。

年级主任、班主任的专业化培养,要以《教育部关于加强中小学班主任工作的意见》《中小学班主任工作规定》《中小学德育工作指南》《关于上海市新时代推进高中育人方式改革的实施意见》和学校新一轮五年发展规划等文件精神为指导,基于当前德育工作的新形势、新问题,为进一步加强和改进学校未成年人思想道德建设奠定坚实的基础。目标定位,即要建设一支师德高尚、业务精良、学生满意、家长放心、能适应社会发展要求、学校教育需要的高素质的年级主任、班主任队伍,使年级主任、班主任队伍整体素质得到提升,工作成效明显优化,工作特色得到彰显,继而构建具有学校特色的年级主任、班主任队伍的管理和培养模式。在学校党委的领导下,充分发挥德育工作领导小组的核心作用,探索年级主任、班主任工作的新思路、新途径,并有序有效落实政策,为班主任队伍工作明确方向,提高实效,以更好地落实新时代立德树人的根本任务。

(二)修养师德,健全制度

加强学校的师德建设,提高教师道德素质是进行素质教育改革的先决条件。然而,年级主任、班主任是负有特殊职责的教师,不仅其工作的复杂程度高于普通教师,在师德方面的要求也理应高于普通教师。为促使年级主任、班主任向专业化方向发展,必须加强师德建设,提高年级主任、班主任的道德素质。同时明确职责,建立并完善规章制度,强化年级主任、班主任的岗位责任意识,实现年级主任、班主任队伍管理制度化。建立对年级主任、班主任工作的考核和激励机制,完善考核办法,实施科学评价,充分调动二者工作的积极性,保障德育工作成效。

举办"班主任专业发展文化日"活动,就是一种很好的实践模式。上海市南洋模范中学的"班主任专业发展文化日"活动,会在每学年第一学期 10 月底 11 月初举行,通过主题升旗仪式向全校师生发出感恩班主任的倡议;每班出一期"我们眼中的班主任"展示班主任风采的主题板报,学校进行统一评比并展示;午间广播电台,开展"颂歌献给您"专题广播;"风采展示"收集班主任的个人生活照、工作照,工作格言,在学校大屏滚动播放;"茶点小盲盒",为班主任准备一份特别的茶点;"文化体验行",开展外出培训考察等系列活动。营造尊重、理解、感恩班主任的和谐氛围,激发班主任工作热情,增强班主任的荣誉感和责任感,提升班主任教育艺术,促进班主任专业发展。

同时,充分利用校本培训、德育论坛、教工学习等渠道,通过专题教育、主题活动、舆论导向等途径,组织年级主任、班主任深入学习现代教育思想和教育教学理论,掌握德育基本规律和基本方案,提升年级主任、班主任的教育境界和理论水平。引导年级主任、班主任全面贯彻新时代党的教育方针,忠诚于党的教育事业,充分认识到年级主任、班主任队伍建设的重要意义,不断强化年级主任、班主任的责任意识和专业修养。

(三)合理配备,优化结构

精心选拔教育教学经验丰富、责任心强的教师担任班主任,同时适当安排一批年轻教师、新教师担任班主任。实施班主任带教制度、副班主任制度,充分发挥有经验的老班主任的"传帮带"作用,以老班主任的高尚师德、对事业的执着和奉献精神来感染青年班主任,用青年班主任的大胆开拓、拼搏进取精神来激励老班主任,促使共同进步,并形成合理的班主任队伍结构。

带教教师需要具备一定的资格并通过遴选。通常情况下带教教师应具有一定的班主任工作经历,有丰富的班主任工作经验,具有较强的建班育人能力和责任心。带教双方建立带教关系后,通过读书自学、跟班学习、指导、研讨等形式在教育理论、班级管理和课题研究等方面开展带教活动。带教教师每月享受带教津贴。根据带教业绩,在职评晋级或评优方面予以优先考虑。学校定期对班主任进行分层培训,通过集中学习、个人研修、专题辅导、交流研讨等方式,开阔班主任眼界,拓展班级管理思路,帮助班主任提高理论水平,转变工作观念,改进工作方法,促进班主任师德水平和工作能力的提升。

(四)创设平台,选树典型

学校适时并充分地创设发展平台,选树典型,以发挥示范引领、模范辐射的作用。上海市南洋模范中学以"引路标兵共同行"班主任共同体建设行动项目为抓手,组建校级班主任工作室,完善年级主任、班主任梯队建设。充分发挥上海市班主任带头人、徐汇区优秀班主任工作坊主持人、区"育人奖"获得者和校级班主任工作室主持人的示范引领作用,辐射推广建班育人的先进理论及经验。依托上海市班主任带头人工作室和徐汇区优秀班主任工作坊,输送优秀青年班主任入室(坊)学习,提升优秀青年班主任的竞争力;选拔建班育人经验丰富、工作实绩突出的在职在岗班主任(如区十佳班主任、区育人奖获得者)组建校级班主任工作室,帮助青年班主任快速茁壮成长。通过开展"桃李奖"等各类评优活动,选树班主任队伍的先进典型,发扬优秀,倡导先进。通过开展班主任基本功大赛、主题班会大赛、教育案例评比等形式,不断创造班主任进步发展的空间,搭建班主任队伍成长的平台。设立"班主任日",营造温馨健康的节日气氛,增强班主任的自豪感和内驱力。设立"桃李芬芳奖",对班主任工作连续满20年的在岗班主任颁发校长特别奖,表彰优秀班主任作出的杰出贡献。

(五)项目建设,打造品牌

上海市班主任基本功大赛,立足于进一步提升上海市优秀班主任的专业素养和能力,为长三角地区中小学班主任基本功竞赛遴选、培训上海候选人,经过十余年的实践,已经成为上海市年级主任、班主任专业发展的优秀平台和品牌。参加上海市班主任基本功大赛的候选人要通过各区的选拔,区级选拔采用"赛训一体、以赛促建、以赛促研"的方式,以提升班主任建班育人的实践能力和研究能力为核心,搭建平台,营造氛围,锤炼骨干,打造优秀,树立典型,加强辐射,促进交流,助推班主任专业成长,壮大优秀班主任核心团队,促进班主任队伍建设。引领职初期班主任明晰班主任专业成长路径,规范建班育人的基本功,进一步增强对班主任岗位的认同感和归属感;引导成熟期班主任明确专业发展的方向,凸显建班育人特色,由经验型向研究型发展,进而带动班主任队伍的整体专业化发展。

每一次上海的班主任基本功大赛都会聚焦某一主题,如根据中共中央、国务院颁布的《新时代爱国主义教育实施纲要》《关于全面加强新时代大中小学劳动教育的意见》精神,聚焦与班集体建设相结合的爱国主义教育、劳动教育等主题,关注班主任家班共育的协同能力;通过主题班会设计和实施、班级偶发事件处理等,增强学生思想道德教育的基本功;围绕班主任建班育人的基本功内涵,着力提升班主任的班级管理、师生沟通、家校协同、突发事件处理等能力。聚焦班主任活动设计组织实施与班集体建设,重点关注义务教育"双减"等方面能力;基本功大赛的这些主题都以理论研修为基础、反思实践为重点,通过掌握运用相关政策和德育原理,进一步提升班主任建班育人的基本功。

年级主任、班主任的专业发展应该是要长期追求的专业发展目标,对教师个人成长来说,年级主任、班主任的专业化程度是专业理想、专业情感的逐步升华,是教师教育理论水平、专业素养和能力不断提升、不断丰富继而形成自己的实践理论的过程,这个过程需要个人的长期努力,也需要学校构建起年级主任、班主任专业化发展的长效机制,为这支德育队伍的专业成长不断创造条件。

参考文献

[1] 柳州市教育局.班主任专业化的理论与实践[M].桂林:漓江出版社,2003.
[2] 齐学红.学校德育与班主任专业成长[M].上海:华东师范大学出版社,2018.

(刘艳丽)

第三节　主题教育与节庆活动机制

中华传统节日、国家重大节庆日和主题教育蕴含着丰富的教育内涵和教育资源。学校应充分利用中华传统节日对学生进行中华优秀传统文化教育，增进学生对中华优秀传统文化的认识，加深学生对民族文化的认同；利用劳动节、国庆节、八一建军节等重要节庆日开展丰富多彩的活动，增强学生的爱国主义情怀和意识；利用中国航海日、世界地球日等主题教育日活动，让学生在交流中获得教育，在动态生成中获得实践体验，在活动中增进独特的生活感悟。

一、主题教育与节庆活动中的德育价值

（一）增强民族认同感

主题教育和节庆活动可以使学生更好地了解国家的历史、传统文化、民族风情等，在活动中厚植爱国主义情怀。中华优秀传统文化代表了中华民族的精神和文化，是中华民族语言习惯、文化传统、思想观念、情感认同的集中表现，通过学习和体验，引导青少年学生更全面、准确地认知社会主义核心价值观，增强学生的民族认同感和文化自信。

（二）培养人文素养

主题教育和节庆活动可以丰富学生的文化生活和精神世界。通过举办文化讲座和展览，邀请专家介绍相关主题的历史背景、文化内涵和艺术特色，增强学生的审美能力。通过文学和艺术创作，让学生了解不同文化的内涵和外延，进而增强学生的人文素养和创新意识。

（三）提升社会责任感

主题教育和节庆活动是传承优秀道德传统的良好途径，可以通过

庆祝相关节日或纪念重要的历史事件来进行道德教育,培养学生健康、积极进取、勤劳乐观、互助共赢的优秀品质。在节庆活动中,组织学生参与社会公益活动,如义卖、义演、义工等,让学生学会关注社会、服务社会,感受到自己的价值与社会的联结。这有助于培养学生的社会责任感和奉献精神。

(四) 激发实践创造力

可以为学生提供实践的机会,让学生亲身参与活动,提高他们的实践能力和实际应用能力。在节庆活动中,学生可以通过制作节庆礼品、装饰校园、设计节目等形式,锻炼自己的创造能力和想象力,并在创新中体验快乐。

主题教育和节庆活动的德育价值是多方面的,它们不仅能够加强学生的思想教育和文化教育,还能够培养学生的民族情怀和优秀品质,同时增强学生的实践能力和实际应用能力,为学生成长成才提供有力的保障。

二、主题教育与节庆活动的实施方法

(一) 在课程中开展活动,在活动中收获体验

活动是中小学开展教育教学的重要形式,也是学生道德形成和发展的重要途径,更是学生喜欢的一种学习方式。开发与之相关的课程,增强中华传统文化教育的系统性和科学性,完善教学体系和内容。一是选取与学校课程内容相关联的节日或主题,将其纳入教材或教学计划中。例如,将中秋节文化、春节习俗等纳入语文、历史等科目中,学生通过节日主题了解相关文化知识。二是利用节日作为教学素材,开展多种形式的教学活动。例如,可以组织学生在中秋节制作月饼、在春节举办庙会游戏等实践活动中,加深对相关知识的认知和理解。三是借助节日活动,拓展学校课程的外延,增强学生的跨学科能力。例如,在春节期间,可以将音乐、美术、体育等课程的内容结合,让学生尝试制作春联、唱春节歌曲、搭建庙会摊位等活动。

案例 1 上海交通大学附属小学将"粽情飘香话端午"主题活动融入课程

交大附小将"粽情飘香话端午"的主题活动融入课程。开展"走进端午"主题队会,他们请来了外婆、奶奶后援团,手把手地教授如何包粽子。孩子们包的粽子可谓是形态各异、千奇百怪,他们在实践中获得了宝贵的体验,感受到了平时看似简单其实不然的劳动的艰辛。在拓展型课程中更可谓是百花齐放,开展了墨笔生辉画风俗、童趣纷飞绘彩蛋、书香致远赛诗会、创意手工缝香包、有氧健身舞龙操等活动。在探究型课程中开展各年级的分主题活动:一年级的端午美食大荟萃,二年级的端午活动大搜索,三年级的端午风俗大知晓,四年级的端午由来大探秘,五年级的端午诗词大传唱,让队员们在了解中感悟文化,在感悟中传承精神。值得一提的是由端午赛龙舟演变而来的学校自主开发的体育竞赛游戏——"旱地龙舟"成为学校每年端午活动的传统经典项目。这些有机结合的主题活动激发学生对传统文化的认同,树立国家意识,增强民族自豪感,弘扬民族文化,传承民族精神。

(二) 在活动中创设情境,在情境中明确主题

创设学习情境是开展主题教育和节庆活动的一种有效方式。可以让学生亲身参与其中,体验、感受和了解一些重要的历史事件或社会现象,从而实现深度学习和教育。活动的开展要与学生的日常生活紧密相关,课程中的诸多内容都来自生活实际,因此,教师要注重理论联系实际,创建生活化情境。这不仅符合当下学生的心理需求,而且遵循学生的认知规律,能够发挥学生在体验式德育活动中的主体作用。具体来说,在节庆活动的设计中,教师要善于创设多种形式的学习情境,通过真实的情境认知和知识探究,激发学生兴趣。一是利用场景还原法:可以将重要的历史事件还原到现场,让学生仿佛置身于历史的洪流之中,进行场景体验和情感互动。二是利用角色扮演法:在主题教育和节庆活动中,可以设置相应的角色扮演情景,让学生在角色中真实地感受、体验,从而提高其学习效果。三是利用艺术演绎法:可以让学生在艺术的舞台上展现自我,同时通过艺术的力量来传达深刻的思想和价值。

案例 2 上海市南洋模范初级中学举行"永远跟党走,开学第一课"主题活动*

习近平总书记在党史学习教育动员大会上强调,在全党开展党史学习教育,是牢记初心使命、推进中华民族伟大复兴历史伟业的必然要求,是坚定信仰信念、在新时代坚持和发展中国特色社会主义的必然要求,是推进党的自我革命、永葆党的生机活力的必然要求。2021 年 2 月 22日,上海市南洋模范初级中学举行了以"永远跟党走——2020 学年第二学期开学第一课"为主题的开学典礼日主题活动,听新四军老战士为学生们讲述革命故事。学生分组开展了"如果回到抗战时"的讨论会。八(2)中队的学生陈奕伽接受央视记者采访时说:"想想老爷爷那一辈,他们投身革命的时候,也与我们一般年纪。我们出生在新的时代,也要学习老一辈的爱党之情,我们要争做青年的先锋,也要做传承红色基因的先锋。"主题活动通过场景还原,让学生真实感受到:"一切向前走,都不能忘记走过的路,不能忘记为什么出发,让党史教育入脑入心。"

(三) 在实践中挖掘资源,在资源中丰富内容

学校在开展主题教育及节庆活动的过程中,可以合理利用各类资源。一是物质、人力资源的利用:主题教育和节庆活动需要合适的场地、装备,需要教师和志愿者等人力的支持。通过物质资源投入可以为活动营造更好的氛围和参与度,加强人力资源可以更好地组织和实施活动,为学生提供更好的服务。二是知识资源利用:可以从学校信息中心、教育资源中心、家长、校外辅导员等处获取专业知识,提升活动的专业性、深度和广度。三是社区资源利用:邀请社区的领导、企业和社团参与和支持活动,不仅可以促进社区与学校的有效联动,也可以增加活动的资源和知名度。如与当地的消防支队以及武警支队等单位合作,在国防日开展"我是小军人"主题活动;也可以与当地的博物馆、图书馆合作,组织"博物馆日活动""国际图书日"等主题教育日活动;还可以与当地著名企业合作,带领学生走进大型的国企以及私企,为学生提供动手操作的机会。

---

* 此项主题教育活动被中央电视台新闻联播报道,2021 - 02 - 23,https://www.163.com/dy/article/G3HA9VR305149R72.html.

而伴随着每一次活动的参与，学生的知识储备以及生活经验储备也会越来越丰富，久而久之他们对于未来自己的发展方向也会越来越明确。

在开展主题教育和节庆活动设计之前，进行资源调查、筛选和整合，充分利用各种资源、整合运用，比如运用新的形式、全方位的教育信息手段，配合优质的活动内容、视觉素材，促使活动更好地实施。因此，挖掘实践中的育人资源需要教师和指导者发挥想象力和创新精神，充分利用各种教育资源，创造合适的教育环境，丰富节庆活动的内容，鼓励学生的自主探究和协作学习，共同实现育人目标。

案例 3 上海市南洋模范中学的"同畋书屋开馆——国际读书日主题教育活动"

2023 年 4 月 23 日是第 28 个世界读书日，可以围绕读书日开展主题教育日活动。在这一天历经半年的改扩建南模中学图书馆·同畋书屋正式开馆。畋（gǔ），有"福气""祝寿"的意思。同畋书屋，是上海市南洋模范中学沈同一老校长在六十大寿之时，其后辈为他祝寿而建的书屋。1948 年民生困苦，沈校长拒绝铺张、世俗的祝寿，其家人从友人处获悉常州杨氏习养室藏书易主，共计三千六百余册，提议购书祝寿。后来沈校长把书屋捐给了学校。通过宣传，同学们了解了书屋背后的感人故事。当天，不少校友前来见证南模中学图书馆·同畋书屋的开馆，也见证了"迎迎阳光屋"的开幕。学生不仅见证了开馆仪式，也了解了书屋背后的故事，还使用了智能书柜——通过多种模式的排列组合图书馆可成为集文献借阅、展览、研讨交流为一体的"多元化未来学习中心"。

三、主题教育与节庆活动的机制保障

主题教育和节庆活动是学校的重要活动，需要通过长效机制保障活动的常态化、顺利开展。建立完善的节庆活动管理机制，明确活动的策划组织、实施、监督和评估等环节的责任，并制定相应的管理规章制度、流程和方法，以确保主题教育和节庆活动的质量和效果。党支部在学校德育工作中发挥领导核心作用,通过指导德育工作的方向和方式,为学校主题教育和节庆活动提供支持和保障,提高学生的思想道德水平和综合素养,培养良好的品德和行为习惯。

(一)完善组织机构

党支部要建立完善机构和工作流程,明确领导职责和分工,在学生中树立典范,鼓励师生参与到学校德育管理中来。

(二)确定主题和目标

在活动开始前,要有清晰明确的指导思想和目标,为整个活动的开展提供指引和方向。学校可以制定年度节庆活动计划表,明确每个节庆活动的形式和内容,并确定开展活动的时间和场地,要选取有深度、有温度的主题和内容,并让学生逐步参与到活动的策划和实施过程中,提高他们的参与感和主人翁意识。

(三)落实德育活动

在特殊的时间节点,由党支部统筹,组织开展主题教育,紧紧围绕社会主义核心价值观,紧紧围绕立德树人根本任务,牢牢把握社会主义办学方向,引导学生将道德认知转化为道德实践。

(四)支持节庆活动

党支部负责指导和保障学校各类节庆活动的开展,提供必要的经费支持和物质保障,将德育工作经费纳入经费年度预算,加大经费管理力度,做到活动有序开展,取得良好效果。

(五)引导学生参与

党支部要积极引导学生参与学校主题教育和节庆活动,组织有针对性的活动,提高学生的思政能力和实践能力,同时为他们创造有益于成长的环境和条件。通过参与的方式来增强学生对传统文化的认识和感悟,提高学生的参与度和主人翁意识。将学校的活动作品集中展示,同时也为学生提供一个交流分享的平台,让学生在平等的环境中进行交流,从而增强学生的社交能力和创新意识。

(六)加强宣传教育

学校要善于利用一切宣传平台,把握有利的宣传契机,营造浓厚的爱国主义校园文化。学生是互联网的新生代,他们获取信息的主要渠道就是互联网,所以需要牢牢把握和利用互联网的阵地开展爱国主义教育,如建立学校公众号、微博号、微信群等,在国家纪念日和重大节庆日的"主题月"发表相关的文章、故事或官方拍摄的短视频,也可以充分利用抖音等现代互联网社交视频平台,开展校级的关于传统节庆日、国家纪念日有关的短视频比赛。

(七)落实安全保障措施

安全是活动中必须注意的问题。在活动实施过程中,需要根据不同场合制定相应的安全保障措施,安排好人员,对设施设备做好安全检查,做好应急预案,保持信息畅通,确保活动的安全和秩序。

(八)开展后评估评价

活动结束后要进行评估和评价,关注学生的实际获得感。评价是多元和全方位的,比如汇报展示、观后感等,让学生在交流中发现问题获得教育,在动态生成中获得丰富的活动体验感,同时策划部门也要总结经验和不足,为下一次活动的开展做好准备。

主题教育和节庆活动建立常态化机制是将中华传统文化、纪念日意义等融入学生的日常生活中,为学生提供多元化的学习和体验环境,从而进一步提高学生的文化素养和人文素质。通过上述机制保障措施,可以全方位地保障主题教育和节庆活动的顺利开展,并为学生提供更好的学术、文化和思维体验,在活动中提升学生对传统节日、传统文化的认同感,从而实现德育的有效推进。

(陈　悦)

第四节　行为规范养成机制

　　学校行为规范养成教育是整体德育工作中先行落实和不可或缺的基础性教育。是引导学生养成良好的行为习惯和道德观念,落实立德树人根本任务的重要途径。中共中央、国务院《关于进一步加强和改进未成年人思想道德建设的若干意见》中指出:"未成年人思想道德建设的首要任务是从规范行为习惯做起,培养良好的道德品质和文明行为。"这是国家对德育基础工作和重点工作的明确要求和导向。

　　上海地区早在20世纪90年代,市教育评估院就组织开展中小学校行为规范示范校评估工作,各区县也相应开展区域中小学校行为规范示范校的评审工作,有序推进上海市各中小学校开展行为养成教育,有效提升学校对行为规范养成教育的认识程度和实施水平。以评促建,推进各校行为规范养成教育的科学化、系统化和特色化。

一、行为规范养成教育常规机制

(一) 养成教育制度化机制

　　中小学生接受的教育以学校教育为主,从制度化的角度来考虑,学校教育是应该有特定的制度约束的教育。中小学生的生活主要是在学校之中度过的,因此在学校之中的个人必定要受到制度的约束,制度提供了中小学生全面发展的底线,对于中小学生的良好行为习惯的养成有着指引性的作用。运用行为规范制度化教育,能帮助中小学生迅速养成良好行为习惯。

　　1988年12月25日发布的《中共中央关于改革和加强中小学德育工作的通知》中要求中小学校养成教育规范化,要制订并组织试行中学生和小学生的《日常行为规范》,使学生牢记规范要求,逐渐养成文明的行为习惯。这就显现了行为规范养成教育制度化机制的必要性。

中小学生年龄阶段养成教育的范围很广、内容很多,要经过筛选和精练,把一些最重要的要求制订成为规范,也就是适合并针对中小学生的养成教育制度。条文性的制度应是最基本的东西,是每个学生都能做到并都要做到的,用制度化的机制引导学生逐步养成良好的行为规范和行为习惯。

2004年教育部发布了《中小学生守则》《小学生日常行为规范(修订)》和《中学生日常行为规范(修订)》,2015年教育部又出台了关于印发《中小学生守则(2015年修订)》的通知。国家性纲领制度性文件的发布,对我们把养成教育规范化、科学化、制度化起到重要作用。

中小学校应该根据教育部发布的《中小学生守则》和《中学生日常行为规范》的内容,根据校情制定一系列的规定和规范。学校需要明文规定学生养成的日常行为准则,根据学校制定的《日常行为规范》或《在校一日常规》,可以进一步形成班级制度和规范。

上海市华东师范大学第三附属中学在学校行为规范养成常规机制的基础上创设班规建设新模式,形成学生自治氛围。学校始终践行"把班级还给学生,让班级充满成长气息"的理念,以班规建设作为行规教育的重要抓手,创设"三阶段、六环节"班规建设新模式,在制定和实施班规的过程中,实现学生的自我教育和自主管理。

(二) 养成教育的规训机制

"规训"(discipline)一词来源于词语"门徒"(disciple),意思就是引导和教育。引导和教育就是学校教育在养成学生行为规范时该做的事情。

行为规范养成教育可以理解为一种规训教育,是以学校中的引导和教育为主。学生来自不同的家庭,有着不同的生活习惯。学校教育的任务就是帮助每一个具有自我意识的学生发展自我,养成健康人格,实现自我价值,探索新的生活。

规训教育的最终目的是学生能够完成自觉规训,这一过程需要培养中小学生良好的行为习惯。

学校中的规训机制具体可以表现在以下两方面。

一是学校内部有系统的行为规范养成教育内容和符合青少年成长的学习时间规划,对于传授和获得正确行为规范的理解和内化起到促进作用,这是学校内规训的基础。如:上海市梅园中学利用每个中午20分钟时间开展行规教育、团队思想教育、午会课宣讲教育,用既定的行为规范要求,内容涉及文明礼仪、文明用语、文明用厕、友善相处、团结协作、理想信念等,用全方位的行规教育内容引导、教育学生形成应有行为规范的意识。学生只要完成行为规范和学习规范的规训,就为进一步的发展打下良好的基础,从而加速行规规范养成的进程。

二是学校各场所的宣传布置也是有形与无形力量结合在一起的规训方式。学校不仅能够通过各种规则宣讲来调整学生的行为规范,也要善于运用学校场域中的任何元素进行引导和培养共同的信念以及正向的价值标准。如:上海市复旦中学的电子屏、电视机等多媒体设备中滚动播放有关行为规范教育的短片和宣传语,形式多样、内容生动;宣传栏、橱窗、黑板报栏张贴有关行为规范教育的格言、名句以及《中小学生守则》、社会主义核心价值观教育内容等。在这样的规训形式下,学校场域所展现的文本以及一系列的隐性的规训内容都对自我规训起到了推动作用,为学生自觉自愿的行为规范的养成铺就道路。

二、行为规范养成教育课程机制

学校在形成行为规范养成教育常规机制后,可以进一步注重相应课程群的建设。作为学校育人规划,课程是受教育者获得行为规范教育的"桥梁"或"中介",是实现教育目的、培养合格人才的重要保证手段之一。是学校培养所需学生、为社会输送有品有才的新一代的"施工图",是勾画未来社会"蓝图"的蓄能池。

行为规范养成教育课程内容应对接国家所需要行为规范要求和特点。可以依据国家中小学行为规范培养目标或者地方行为规范养成目标,结合各级各类学校的校情而设置。如:根据上海市中小学校行为规范示范校评估指标中行规教育总目标,结合具体学校的培养目标设置课程内容,课程可以根据校情特色化编排并构成一定课程体系,让它成为教师和学生开展教学活动的基本依据。

如：上海闵行区莘庄镇小学创设以果树品质(石榴：团结一致)为引导的"端品果娃"系列行规课程。分别设置了"养正讲堂""养行课堂""仪式教育""果树行规""学军成长营"等课程。"养正讲堂""养行课堂"课程每周一课时,进入学校总课表。"果树行规"课程通过各类活动的开展,鼓励学生将习得的良好行规在活动中运用、实践。莘庄镇小学还和部队共同研发打造了"学军成长营"课程,通过学习、训练,强化学生行规养成,磨炼意志品质。

上海市吴泾中学也设立了行为规范养成课程,将行规教育有效地分解到各年级相关教育课程中。学校用校本课程筑起行规教育的载体,分年级、分层次明确各年级行规教育的目标要求和措施,重视学生行为规范的自主性、发展性和有效性,创设六大类课程群:学科类、德育类、体育类、艺术类、科技类和实践类。学校还编制了《青少年礼仪导航》《诚信教育读本》《责任教育》《健美操》《中国民俗民风》《安全教育读本》《理想教育读本》等校本课程资料。

学校行为规范养成教育的课程机制可以成为学生行规发展的主线,可以成为行规教育的主要载体。通过实践可以明确:将行为规范养成教育形成课程教学,可以提升学生的自我认知和自我控制能力,通过课程和教学,学生可以更多地分析和剖析自我,学会控制自己的情绪和行为,促进学生的行规养成及身心发展,有效培养学生的品德修养和人文素养,教会学生形成良好的行为规范、养成健康的生活方式,非常有助于学生提升自我认知和自我控制能力。

三、行为规范养成教育依托机制

在上海市教育评估院开展的中小学校行为规范示范校评估工作推动下,上海地区中小学校行规养成教育,其顶层设计不仅仅停留在常规课程设置的层面上,很多学校在探索行规养成教育机制方面努力创新。寻找依托物或寻找各种依托形式这种新颖化行规养成教育方式,让行规养成教育不拘泥于教学和灌输,多形式的行规养成教育机制为行规教育提供了新路径、新手段,并取得了更好、更显而易见的效果。

(一) 依托校园吉祥物,设计行规养成教育布局

吉祥物在一定程度上体现了学校的教育理念和价值观念,校园吉祥物具有学校专属性及办学理念关联性,师生对自己学校能拥有属于本校的原创性校园文化产品本身带着喜闻乐见的情绪,校园吉祥物隐喻着学校的办学特色及办学过程中沉淀积累起来的人文精神。以校园吉祥物作为行为规范养成教育的突破口,不仅是创新,且具有重要的意义。

如:上海市闵行区鹤北小学选定了虚拟人物"小不点"作为"积极阳光"的学生的一种特定形象。首创第一项实践体验活动:"小不点"超市,以此为雏形不断迁移深化,"小不点"系列实践体验活动成为学校德育实践中形成的学校特色,曾被评为"上海市优秀德育项目",它也成为学校行规养成教育的特色项目。鹤北小学以"培育文明自主、适应合群、阳光进取的'小不点'"为行规教育总目标:"文明自主"——品行正、心康健;"适应合群"——乐实践、善交往;"阳光进取"——有责任、能担当。依托学校的"小不点"系列实践体验活动,创设丰富的实践与体验,完善"强化—内化—外化"的过程,促进行规的有效养成。在鹤北小学"小不点"是校园的自我管理小主人,是成长节日中的快乐主角,更是校外实践活动中的小公民,学生在"小不点"体验活动中逐步实现由他律向自律的发展。

(二) 依托"校—家—社"共育行为规范养成机制

"礼者,所以情貌也,群义之文章也,君臣父子之交也,贵贱贤不肖之所以别也。"春秋战国时期的诸子百家们,尤其是孔子、孟子、荀子等儒家代表,已经充分意识到"礼"的重要性,也就是行为规范的重要性,所以他们强调加强对社会行为规范的教育,也就是"移风易俗"的教育——"礼教",通过社会行为规范的教育,使人们去掉不良的行为方式,而共同趋向"善"的行为方式。

上海市文来中学的学生普遍家庭条件较好,绝大多数学生的行为

习惯、规范意识相对较好。但优渥的家庭环境也容易让不少学生在待人接物时缺乏共情能力。于是学校联系家长一起引导孩子参与志愿者活动。依托社会、家庭的作用，形成了较为完善的学生志愿者工作体系，作为学校行规养成教育体系中的品牌项目。学校的设计是，在社会场景中，通过频繁的社会交往，调节或者修正学生的行为规范。通过三级联动，全面开展志愿服务，拓展行规教育时空，打造行规浸润空间，依托社会对行为规范养成的作用，组织学生参与成系列的社会志愿服务工作，在校内外多样的社会场景下习得各类社会规则、公共道德，促进"知行合一""内外兼修"，在志愿服务过程中真正理解规则意义，获得认识改变自己的机会。为校园生活的有序，更为学生适应、服务社会提供助力。

四、行为规范养成教育评价机制

学校确立了行为规范养成教育的具体实施策略和教育形式后，可以进一步开展有效评价机制，可以通过建立一系列的评价标准和评价指标，促进行为规范养成教育机制的规范化和标准化。建立评价机制有利于提高学校行规养成教育的科学性和严谨性。同时，评价机制可以提供更全面和具体的数据，对学生个体可以提供更有针对性的养成指标，提高并落实教育实施的质量和效能。

上海市教育评估院开展中小学校行为规范示范校评估工作，就具体到三级指标的对学校行为规范教育落实情况的评价体系。其评价体系一级指标中"学生行为表现"分年段检测点，可以作为学校制定本校行为规范养成教育评价的指针，各校可以对接市级评价要求来测评学生行为规范养成教育的效果和质量。

如，上海市闵行区花园学校对应《上海市中小学行为规范示范校评估指标体系》中的"学生行为表现"检测点，基于学校"崇生尚美"的办学理念和学校行规培养总目标的核心词"学会学习、学会生活、学会交往"，将"人与社会"这个切入点作为一级指标，并将"人与社会"的培养目标分成了四块：即品德修养、行为习惯、社会责任、综合实践，并进行了指标的解读、行为点的分解和目标的细化。

近年来,上海高中、初中的综合素质评价对学生的素养培育提出了具体的指标和要求。上海市南洋模范中学在学校班级和个人评优中均将行为规范作为评优的基本指标,在评价机制上,与市、校综合素质评价指标相结合,鼓励学生全面发展。《上海市南洋模范中学学生综合素质评价表》共设置六大板块。其中五大板块与上海市普通高中学生综合素质评价信息管理系统对接,增设"奖励"板块,采取学分制管理。奖励学分作为学生评选学校"特色奖""醒狮奖",市区先进等荣誉称号以及各类奖学金的重要参考依据。所有奖励学分的评价过程中,皆采取行为规范表现"一票否决制"。

要形成学校评价体系首先要形成行为规范养成评价体系的检测项目、检测点和检录方式,上海市中小学很多学校都用表格列出分年段的评价内容和指标,并依托信息化平台或者学校"争章"、积点等方式来使评价机制具象化。如,上海市金山区第二实验小学就应用了优化大师 ClassDojo 软件,形成了"能量星"行规评价系统,该系统因快捷、适时的特点受到了老师和学生的欢迎,系统的评价机制和信息化手段助推了学生行为规范养成教育。评价机制使得常态化机制、课程机制、依托性活动机制都有了落脚点,使得行规教育养成机制更加完善、操作性更强。

上海市中小学校行为规范示范校评估工作(五年一轮)力求每所中小学校形成行为规范养成特色项目,多年的以评促建的机制也是推动上海市整体行为规范养成管理工作落实、落深的关键因素。在历年推动特色项目的创建、优化、再发展的过程中,常规机制得以创新发展,更具实效,也促进了上海地区行规养成的高水平发展。在各校不断推陈出新行为规范养成机制的背景下,上海地区的青少年的文明素养、行规素养会赓续传承,为上海地区的领先发展做好基础保障。

(贾　春)

第三章

德育管理机制完善创新（下）

第一节 学校心理健康教育机制建设

《中小学心理健康教育指导纲要(2012年修订)》指出,中小学心理健康教育,是提高中小学心理素质、促进其身心健康和谐发展的教育,是进一步加强和改进中小学德育工作、全面推进素质教育的重要组成部分。中小学阶段是正确价值观形成的重要时期,也是开展未成年人心理健康教育的关键期。《中小学德育工作指南》提出,要引导学生形成积极健康的人格和良好的心理品质,促进学生核心素养的提升和全面发展,为学生一生成长奠定坚实的基础。可见,只有将德育与心育有机融合,遵循学生心理成长规律,建立有效工作机制,才能实现德育由"知"到"行"的转化,这也是落实立德树人根本任务的关键。

一、中国传统文化中的心育思想

中国传统文化中蕴含着大量关于"心"的思想,内容既丰富又有深度。"仁义礼智信"是中国人几千年来从观念到行为的核心价值观,是中国人的核心素养。"修身齐家治国平天下"不仅是为人处世的指南,也有许多心理治愈与心灵成长的良方。[1]由此理解,中国传统文化也是一种道德心理文化。学校的心理健康教育并非只能学习照搬西方的理论和做法,仅关注异常心理和个性行为,而应立足自身,充分运用和挖掘优秀传统文化中的育"心"元素,实现育心育德的有效融合。德育内容中明确了,要开展中华优秀传统文化教育,传承发展中华优秀传统文化,大力弘扬核心思想理念、中华传统美德、中华人文精神……增强文化自觉和文化自信。中国传统文化中就有注重环境熏陶、言传身教、潜移默化的教育思想,所谓"桃李不言,下自成蹊"。学校开展心理健康教育也要通过环境的熏陶、榜样的影响、个人的体验等途径培养学生应对挫折、适应环境的能力,从而逐步形成健全的人格、积极的心态和良好的个性心理品质。

二、完善架构,健全育心工作机制

(一) 健全心理健康教育组织机构

心理健康教育组织机制是由领导机构、工作机构和师资配备等要素共同组成的一个决策、分工系统。[2]

1. 领导机构

领导机构指学校心理健康教育领导小组,一般由学校党支部书记或校长担任领导小组负责人。其主要职责是全面负责学校心理健康教育工作的规划、实施和监督等,具体包括组织制定学校心理健康教育工作制度、工作计划等;落实健康教育工作经费使用以及器材、设备的配置等;关注学校心理健康工作进展情况,对发现的问题提出对策并协调各部门完成相关工作。

2. 工作机构

工作机构因各校校内部门设置而有所差异。通常情况下,学校将工作机构与德育处整合,德育主任兼任心理健康教育办公室主任,也有学校单独设立办公室,由学校分管德育副校长作为负责人,统筹协调校内心理健康工作,包括学校心理健康教学与研究、心理健康活动月/周的主题、心理社团建设、校园环境建设、学生心理咨询和辅导、特殊学生关爱等。不论何种设置方式,都与学校办学条件、文化传统、师资配置等有莫大关联,最终目的都是保障管理教育的畅通,确保人、岗、责对位。

3. 师资配备

苏霍姆林斯基曾说过:"教育者应当深刻了解正在成长的人的心灵……只有在自己整个教育生涯中不断地研究学生的心理,加深自己的心理学知识,才能够成为教育工作真正的能手。"开展好学生心理健康教育不仅仅是专职心理教师或者班主任的职责,而且要成为每位教师的职业追求。因此学校心理健康教育的师资配备也应完备,可以从三个层面入手。第一层面是全体教师。自 2020 年开始上海市全面推行全员导师制,进一步明确了教师教书育人的职责,将关爱学生心理健康纳入导师日常必要的职责范畴。全体教师开展必要的心理健康教育学习,掌握一定的心理健康教育知识和技能,一方面可以在本学科教学中较好地渗透心理健康教育;另一方面有助于及时发现和初步判断学生存在的心理问题,给予有针对性的帮助和辅导。第二层面是学校专业心理健康教师。通过心理健康教育课、心理社团、心理咨询等对不同层面、不同需求的学生开展心理服务,及时对学生的心理问题进行指导干预。第三层面是校外专业心理医生和专家,帮助学校解决现有力量难以解决的问题。[3]以杨浦区为例,区教师进修学院成立的心馨家园就是为各校提供校外心理辅导的专业部门。心馨家园除了有一支以心理教师为主的志愿者队伍外,还聘请了市精神卫生中心、长征医院、长海医院等多家专业医疗机构和高校的心理专家团队,随时为学校心理健康教育提供服务支持。

(二)建立心理健康教育的运行机制

学校心理健康教育是素质教育重要组成部分,不仅有学科自身的特点,又与学校各方面的教育教学活动有着密不可分的联系。德育教育与心理教育在教育目标和内容上有一定共通性,都是以"育人"为共同目标,在内容上都坚持正面积极的导向,都是关注学生个体的引导和培育,因此一些学校会将心理健康教育简单等同于德育,或者把心理健康教育作为心理测验、心理咨询的代名词。要实现心理健康教育的有效运作,做到"一个循环、两个结合、三级培训"。

1. 一个循环:心理健康教育的校内循环

(1)开足开齐心理健康课程。心理健康教育属于课程教学的一部分。因此开设心理健康教育课是学校心理健康教育工作最核心、最主要的内容。上海市教育委员会《关于加强上海学校心理健康教育的意见》(沪教委规〔2020〕21号)要求:"普通中小学各学段至少安排一个年级每两周开设1课时心理健康活动课,所有年级每学期至少开展1次以心理健康教育为主题的班团队会和1次有针对性的心理健康教育和生命教育专题活动,做到全覆盖、不断线。"纳入学校课程体系后,有助于对学生有计划地实施心理调适技能和方法的教授,帮助学生增强自主解决心理问题的能力。此外,学校还可以通过开设心理探究课,依据学生"需要"选材,对标实际问题,让学生在体验和反思中不断成长。比如上海市二十五中学组建心理社团,每学期由学生自主商议探究主题,以心理剧的方式演绎学生成长中经历的各种烦恼和冲突,让学生在不同角色中体验与反思,收获成长。

(2)德心融合丰富教育活动。《中小学心理健康教育指导纲要(2012年修订)》中指出:"心理健康教育的主要任务是:全面推进素质教育,增强学校德育工作的针对性、实效性和吸引力,开发学生的心理潜能,提高学生的心理健康水平,促进学生形成健康的心理素质,减少和避免各种不利因素对学生心理健康的影响,培养身心健康、具有社会责任感、创新精神和实践能力的德智体美全面发展的社会主义建设者和接班人。"把心理健康教育融合于德育活动中,通过主题班队会、社团活动、学校心理活动月/活动节、劳动教育、社会实践等活动,创设有利于学生心理健康有益的环境,转变学生对于生活交往和事物的错误认知,了解学生的心理发展状态,对学生作出针对性指导。比如上海市二十五中学根据学生认知规律和心理发展水平设定年级行规培养目标,通过"四自四成"主题教育(自理成人、自律成长、自强成才、自信成功),为学生成长提供最适切的行规要求,并兼顾和渗透思想品德教育和生涯指导教育。通过"四进四亮"德育课程,充分挖掘社区教育资源,为学生实践成长创造更丰富、更生动的教育资源。以走进社区亮责任,培育学生积极乐观、勇于担当的人生态度;以走进大学亮追求,让使学生在领略大学文化魅力的同时,获得了文化知识和兴趣特长的发展,激发了学习动力;以走进企业亮技能,增强了学生的安全意识,锤炼了学生的生活和生存技能;以走进场馆亮情怀,拓宽了学生的视野,滋养了学生的家国情怀。

此外,校园文化作为一种环境教育力量,对学生的健康成长有巨大的影响。学校文化建设是一种氛围的创设,有着润物无声的教育功能。环境可以陶冶学生情操,滋养学生心性,提升学生素质。每所学校、每个班级都是一个特定的"心理场",不仅人能改造环境,环境也能影响人的心态。[4]校园文化有软硬之分。硬文化指校园的硬件环境,像橱窗、电子屏、墙面、班级环境等都是硬文化。软文化主要指和谐的人际关系,主要体现在校风、教风、学风和班风之中。好的软环境传递的是正面、积极、向上的氛围,会使人心情舒畅,精神振奋,对学生心理品质会产生潜移默化的促进和优化作用。

(3)学科渗透延伸教育场域。不同学科有不同的内容,这些内容涉及我们生活方方面面,学科教师要善于打破学科藩篱,充分挖掘有价值的心理健康教育内容,把蕴含在生活中的心理健康教育内容渗透其中。[5]语文老师通过挖掘教材名言警句,激发学生热情,培养自信心。体育老师通过体育竞赛教导学生坚持的背后是持之以恒的毅力的磨炼。比如七年级道德与法治学科就有"生命的思考"单元,教师可以通过感知生命,到尊重生命,再到敬畏生命的一系列过程,帮助学生树立正确的生命观。

2. 两个结合:家校结合和医教结合

家校结合。根据《上海市教育委员会关于加强上海学校心理健康教育的意见》(沪教委规〔2020〕21号)中明确提出,要落实《上海市0—8岁家庭教育指导大纲》,形成系列指导手册,帮助家长了解孩子成长特点和规律,掌握不同年段家庭教育重点;要成立上海市家长学校,规范学校家长学校建设,优化区域家庭教育指导中心,推进社区家长学校建设。一段时间以来,家庭教育被看作只是学生课堂的延伸、家长只是学校老师的助理,没有真正实现家庭教育和学校教育相互配合。现实中,家庭可以是学生心理健康保护因素,也可能是损害因素。家长教育观念落后、家庭教育功能缺失、父母关系紧张、教育手段粗暴等都会给孩子的心理造成极大伤害。孩子诸多问题行为发生在校内,其根源却是在家庭。因此,学校在校园中进行心理健康教育的同时还应开展家庭心理健康教育。通过家长学校、家长沙龙、校园开放日等多种途径对家长开展心理健康知识的宣传,帮助家长以科学的态度正确处理和对待养育过程中各种问题,尊重孩子成长规律,善于运用良好的沟通方式,努力构建积极、健康、和谐的家庭氛围,帮助孩子培养健康良好的心理素养。

医教结合。未成年人的心理健康教育工作,需要医学系统和教育系统的通力合作,才能更好地对未成年人心理问题进行预防和干预,从系统和生态的视角为未成年人健康成长提供帮助。2011年上海市卫生局和上海市教育委员会联合出台了《关于在中小学和托幼机构开展"医教结合"工作的指导意见》,将学校心理健康教育工作又提升了一个新台阶。"医教结合"工作就是按照"一校一医"的对接模式,由区县卫生局组织辖区医疗卫生机构的医师,包括全科医生、妇保医生、儿保医生、公共卫生医师和卫生专业人员等组成的团队或责任医师,与辖区所有幼儿园、中小学和学前集中看护点进行对接,根据辖区实际情况定时、定点、定员进校园开展学校卫生服务。学校在进校园卫生专业人员的指导下,加强晨检和巡检,实现患病学生及时发现、及时处置、及时送诊。与学校对应的医疗机构为病重学生开辟救治的"生命绿色通道",提供温馨化服务。市卫生行政部门对参与医教结合工作的指导医生开展培训,使其了解儿童的生理、心理特点,提高开展筛查、检测、评估、康复指导等相关专业技术水平。

3. 三级培训:构建市、区、校心理健康教育培训体系,实施教师心理健康教育分层分类培训项目,实现教师培训全覆盖

《上海市教育委员会关于加强上海学校心理健康教育的意见》(沪教委规〔2020〕21号)指出:"专职心理健康教育教师每年参加不低于60学时职后专题培训,全面提升教学、咨询(辅导)、危机干预等专业能力。辅导员、班主任等思政教育骨干教师每年参加不低于10学时的心理健康教育专题培训,重点提升情绪识别与疏导、谈心谈话和家庭教育指导等能力。其他教师每年至少参加1次心理健康教育专项培训,培养心理健康助人自助的意识和方法。中小学要结合全员导师制建设,将心理健康教育和家校沟通等专题纳入教师职初培训,提高全体教师的心理辅导能力和家校沟通能力。构建专业人才蓄水池,完善上海学校心理咨询师培训和考核制度。"学校心理健康工作并非少部分人的专职,而是全体教师的"分内事"。校内培训也应面向全体。一方面专兼职心理教师的专业素养,直接关系到心理活动课程的教育教学成效,以及学生出现心理状况时学校介入的能力和水平,另一方面教师自身尤其是

班主任的心理状况,将直接影响学生心理发展与状况。学校须把心理研训纳入教师培训体系中通盘考虑,加强教职员工心理健康教育。学校领导对心理健康教育的认识和重视度,很大程度上决定心理健康工作的实施。[6]

(三)建立心理健康教育的预警机制

心理健康教育面对的是全体学生,对已有心理健康问题的学生要着重矫治,更重要的是防患于未然,实施发展性的学校心理健康教育。心理健康教育的发展性是指心理健康教育必须着眼于心理素质结构的优化及整体素质的可持续发展。[7]这意味着学校不仅要科学筛查有心理问题倾向的学生,仔细了解学生家庭状况,还要面向全体学生开展普及性的心理健康教育。学校心理健康教育的预警机制不仅要有面向全体学生心理问题的预防功能,还要有对已有心理问题学生的干预功能。

1. 问题筛查

(1)建立学生心理档案。对入校学生开展心理状况筛查,建立相应心理档案,记录学生基本心理信息,并对筛查数据进行分析,对可能存在心理问题的学生重点关注辅导。

(2)建立学生导师制。每位学生都配有一名导师,定期与学生进行沟通交流,了解学生学业、心理、家庭等各方面情况;发现家庭情况特殊或有心理问题的学生第一时间告知班主任及心理教师,并启动相应的心理干预工作。

(3)建立班级信息员制度。班级招募心理信息员,心理辅导教师定期对信息员进行培训,了解班级动态。信息员发现班级同学存在情绪、行为异常状况应及时上报,做到及早发现、及早干预。

(4)建立常态化心理调查。除了对初始年级外,定期对各年级学生心理状况开展专项调查,如学业压力调查、人际交往调查、亲子关系调查、情绪调控调查等,动态掌握学生在不同年级的心理健康状况,为学校教育教学活动提供科学参考依据。

2. 问题干预

(1)班主任干预:班主任与学生的沟通机会相对较多,能够对学生的学习情况和最近表现等进行客观的评价,通过班主任适当的心理干预,能够有效缓解学生心理问题。

（2）心理教师干预：心理教师主动开展事前干预,建立一生一档,固定对学生的辅导咨询时间或进行即时交流。

（3）专业机构干预：对于超出学校辅导人员能力范围的学生,在保护其隐私的前提下,与家长协商,及时转介到专业机构。

参考文献

[1] 周李艳.从传统文化中寻找心育之路[J].湖南教育（A 版）,2018(2).
[2] 冯海志.中小学心理健康教育管理机制本土化问题的探讨[J].教育导刊,2002(6),上半月.
[3] 黄晓霖.中小学心理健康教育的审视和思考[J].新教育,2015(12).
[4] 张华.基于校园文化建设的心理健康教育模式与机制研究[J].中小学心理健康教育,C1994－2012.
[5] 乔永平.学校心理健康教育的途径[J].中国科教创新导刊,2009(19).
[6] 梁美凤.构建中小学心理健康教育组织管理的长效机制[J].福建教育,2021(43).
[7] 武亚运.中学生学校心理健康教育机制构建的思考[J].吉林省教育学院学报,2015(3).

（郑雨花）

第二节　全员导师制背景下导师育人能力的提升

为了进一步加强学生发展指导,发挥教师队伍基础作用,全面提升教育教学管理水平及质量,学校教育应从传统的教学教育模式转型,构建"全员育人"的教育格局。全员导师制提出了"人人都是德育工作者"的理念,强调每一位教师有同等重要的育人责任,要求导师成为学生的良师益友。导师在日常的教学教育中做到关心学生的学业发展,体察学生的情绪变化,促进家校沟通,使每一位学生健康快乐地成长。因此,全员导师制的实行对教师的育人能力提出了更高的要求。良师如何成为"益友",导师如何构建和谐的师生关系,真正成为学生信赖的"好朋友老师",是我们在落实全员导师制过程中最关键的问题。

一、当前教育背景下师生关系中存在的问题

(一)教师对自身定位认识不足,缺乏"学生意识"

在当前的教育背景下,大多数教师在师生关系中不够重视学生立场,教师所扮演的角色、身份较为单一。新课改要求教师在学生学习中起到引导者和支持者的作用,应当为学生提供有效的学习资源,启发其独立思考和探索。但在实践中,不少教师仍倾向于扮演知识传授者与秩序维护者的角色,缺乏学生意识,无法设身处地考虑学生的立场和感受,难以满足学生的发展需求,也不利于实现立德树人的根本任务。另外,一些科任老师对学生心理健康缺乏关注,对学生生活上缺少关心,不能主动地成为学生个人生活的指导者、关怀者和倾听者。不少科任老师在主观上仍认为班主任是育人的主力,不能主动承担德育工作,对自身立德树人的定位认识不足,以致缺乏学生意识,不能满足学生的多元需求,从而阻碍了师生关系的良性发展。

(二)师生之间存在距离感,互动缺乏平衡

在教育实践中,疏远感和压迫感是很多师生关系的常态。一方面,师生之间的课外互动不多,是师生关系疏远的主要表现,师生之间的互动较为多以学业交流为主。另一方面,随着年龄的增长,学生的心理状况更倾向于同伴交往,尤其是小学高年级学生,不愿意过多寻求教师帮助。同时,教师由于繁重的工作任务,在日常的互动交流中也无暇顾及多数学生,导致师生之间的距离逐渐增大。因此,教师无法及时发现学生的心理状况并进行干预,可能导致一些不良后果。

一般情况下,师生之间的互动,教师往往占主导地位,拥有更高的权威和主导性,而学生在校的一举一动大多具有接受教师监督与控制

的一面。身份地位上的不对等,导致学生在师生关系中显得更为被动,大多表现为接受与顺从,使得师生间的互动缺少应有的平衡。

二、全员导师制背景下优化师生关系对导师育人能力的要求

(一) 人人都是德育工作者,强化导师育人责任

北京第一实验学校李希贵校长在《学校如何运转》中提到了"学生成长责任中心"的概念,与目前正开展的全员导师制工作理念相契合。书中提到,长期以来,在学习组织结构的设计上,人们把教育和教学分支,这导致对学生的教育无意中被撕裂,造成班主任和各科任老师对德育和教学各负其责,不符合人才培养规律。[1]一直以来,班主任被赋予了更重的育人责任,而很多科任老师则更关注课堂教学,对于课堂上发生的一些同学之间的矛盾,或是学生学习态度不端正等问题,多数是交由班主任处理,科任老师在育人问题上常退居二线。而全员导师制则提出了"人人都是德育工作者"的观点,强调了每一位教师都有同等重要的育人责任。针对不同学生的个性发展,关注每一位学生的身心健康。一个学生,就应该成为一个教育成长中心,也相应地成为教育者的一个责任中心。围绕每一位学生形成的教育成长中心由所有与学生成长相关联的老师共同组成,以学生喜爱的"好朋友"老师为主导,协调学生与班主任及其他科任老师之间的师生关系,关注学生学习、身心等各方面的发展。这些老师的岗位不同、职责不同,帮助学生全面健康成长。

(二) 明晰自身定位,唤醒育人意识

只要梳理成长路径,我们就必然会发现课堂上各科任老师在学生成长中重要且不可替代的作用。他们的举手投足,无不影响着一间教室的氛围,在潜移默化中影响着学生的成长。假如我们仅仅关注教师在学科教学中的价值,也就是漠视了每一位教师的职业价值,当然也就损伤了职业尊严。全员导师制工作的开展,从某种意义上来说,唤醒了老师的育人初心。全员导师制让老师们增强了育人意识和能力,不仅

从学习上关注学生的发展,还注意到学生的情感变化。在优化课堂教育者角色的同时,积极扮演课外角色,以朋友的身份给予学生生活上的支持、心灵上的抚慰、价值观上的引领。教师们作为学生们的良师益友,充分尊重了学生个体,平等地倾听学生的想法,关爱有困难的学生,帮助学生排忧解难,做学生的良师益友,促进每一个学生健康快乐成长。教师明晰了自身的角色定位,在学生的生活中扮演多元化的角色,可以有效增进师生间的感情,有助于重构和谐的师生关系。

(三) 发挥个人优势和特长,拉近师生距离

在师生相处的过程中,教师应创造机会与学生进行互动,拉近师生之间的距离,便于了解学生,走近学生,以达到优化师生关系的效果。教师可以充分发挥个人优势和特长,组织学生进行体育运动或才艺表演,在轻松的环境下增进师生之间的相互了解,或为学生进行心理疏导,排忧解难。在此过程中,教师能充分关注学生的课后生活,了解学生的发展状况,同时还能缓解学生内心的压迫感和疏离感。

三、全员导师制背景下优化师生关系的策略

(一) 宣传动员,更新导师教育理念

根据《关于深化教育教学改革全面提高义务教育质量的意见》,全员导师制是中小学全体教师按照一定机制与每一位学生匹配,通过与学生建立良师益友的师生关系,与家长建立协同合作的家校关系,对学生进行全面发展指导和开展有效家校沟通,促进每一位学生健康快乐成长的基础教育现代学校治理制度。

小学阶段的学生处于人生启蒙期,是学习习惯、行为规范、价值观形成的重要阶段。全方位育人的导师对学生进行一对一,甚至多对一的个别化指导,不仅从学习上关注学生的发展,还注意到了学生的情感变化。全员导师制背景下,师生之间构建了彼此信任、相互理解、相互尊重的和谐交往氛围。结合低年级学生年龄和心理特点,依据"导师制"开展的具体要求,"导师"要成为"好朋友"老师,要求导师以平等的

视角,真诚地与学生交朋友,为学生提供陪伴和支持。例如在上海小学,学校通过文件学习和宣传,更新教师育人理念。组织率先试点的年级收集师生互动案例,在全校范围内进行宣传,动员更多教师加入导师队伍。

(二) 夯实理论,指导导师重构师生关系

为配合全员导师制工作部署,进一步促进全体教师与学生构建"良师益友"师生关系、与家长开展有效沟通,提高教师育人意识和专业能力,上海市全员导师制项目组精心为教师们编写了中小学全员导师制《师生关系构建指导手册》《家校沟通构建指导手册》等专业指导手册,通过问题呈现、案例分析、理论解读和提供育人建议等方式,为教师们提供日常教育教学中常见的育人场景、问题及其解决原则和方法。

可以说,对于全体教师,尤其是刚刚踏上工作岗位、缺乏育人经验的青年教师来说,指导手册是十分有用的"宝典"。如何用好这两本"宝典"帮助教师们夯实育人理论知识,需要各个学校根据校情精心设计。

比如在上海小学,学校精心设计了有步骤、有计划的层递性学习方式。由校长、分管副校长、德育教导、大队辅导员、骨干班主任等组成的全员导师制工作领导小组先行研读两本手册,标注了贴合校情的重点内容,并设计了一份中小学全员导师制《师生关系构建指导手册》培训思考讨论题,再下发给全体教师进行个人自学。紧接着,学校召开了分组学习会议,由各年级组和开展分组学习讨论。各个年级组在组长的导读下,一边研读手册,一边共同讨论思考讨论题。

为了检验教师学习的成效,学校还设计了学习成效反馈记录表,各年级组选派一名指定教师(以没有班主任工作经验的青年教师为主),全员导师制工作领导小组同时随机抽取教师进行问答,了解教师们的学习成效。在进行了检验之后,全员导师制工作领导小组还会在各级会议上对各位教师的回答情况进行交流和反馈,梳理教师们在全员导师制工作上的难点问题。

中小学全员导师制《师生关系构建指导手册》

培训思考讨论题

1. 分角色读读第四章中的【谈心谈话实录】,谈谈如何提高谈心谈话的质量。

2. 导师在与好朋友交流时,可以采用什么方式来启发学生思考正确的价值取向、解决问题的方法和获得帮助的路径?

3. 分角色读读第四章中【谈心谈话场景中的沟通】、【日常教学场景中的对话】,体会为什么有些话不建议说、忌说,为什么要提倡、建议说另一类话。

4. 导师在撰写个性化成长寄语时,要遵循哪三个原则?

5. 导师在撰写个性化成长寄语时,可以从哪三个方面入手?

6. 在发现学生潜在问题时,不仅可以通过导师观察、家校沟通和师生交流,还可以通过什么方式进行观察?

7. 导师发现学生有异常情况需采取哪些行动?

中小学全员导师制《师生关系构建指导手册》培训思考讨论题(部分)

《师生关系构建指导手册》学习成效反馈记录表

年级	类别	姓名	问 题	回答情况
一	指定		1. 导师如果没有交流的时间,怎么办? 2. 如果你发现你的"好朋友"学生有攻击他人的行为,你应该怎么做?	
一	随机		1. 师生交往原则是:( )( )( )。 2. 如果你的"好朋友"学生在课上总是调皮捣蛋不守纪律,你应该怎么做?	
二	指定		1. 导师可以选择哪些合适的地点来进行谈心谈话? 2. 导师在撰写个性化成长寄语时,可以从哪三个方面入手?	
三	指定		1. 导师如果没有交流的话题,怎么办? 2. 如果你的"好朋友"学生向你委屈地告其他小朋友的状时,你应该怎么做?	

续　表

年级	类别	姓名	问　　题	回答情况
四	随机		1. 导师发现学生有异常情况需采取哪些行动？ 2. 在发现学生潜在问题时,不仅可以通过导师观察、家校沟通和师师交流,还可以通过什么方式进行观察？	
五	随机		1. 教育部印发的《新时代中小学教师职业行为十项准则》明确提出：教师要做学生的（　　）。 2. 如果你的"好朋友"学生向你委屈地告其他小朋友的状时,你应该怎么做？	

学校从个人自学、专人检验、会议反馈三个角度保证了对理论学习的闭环,提高了教师的学习成效,促进了导师工作的专业素养发展,进一步保障了全员导师制工作在校的稳步开展。

(三) 组织交流活动,分享育人经验

通过宣传动员和理论学习,教师们更新了自己的教育理念,同时了解了各类育人问题及其解决原则和方法。但"理论"和"实战"之间还是存在着不少区别,要帮助教师们进一步做好导师工作,组织交流活动就是一个行之有效的办法。在上海小学,根据全员导师制实施过程中发现的问题,及时组织导师工作专项讨论会和校级导师故事交流会。

导师工作专项讨论会以传帮带青年教师做好导师工作为主。比如在实际工作中发现：个别青年学科教师作为班级的副班主任,选择他们作为导师的学生人数并不多。针对这些情况,领导小组邀请被选择率较高的教师代表或有丰富育人经验的教师代表与被选择率较低教师进行座谈,大家开诚布公地交流在和学生日常交往中发现的问题或获得的经验,为今后导师工作积累经验、打好基础、做好准备。

校级导师故事交流会则以表彰优秀导师为主,导师们在年级组内自主讲述在育人过程中与学生之间发生的真实、生动、感人的故事,并由年级组遴选具有代表性的案例参与校级交流,这样的故事交流会也使得许多青年教师丰富了自己的"实战经验"。

(四)建立《导师工作手册》,记录师生互动经历

师生结对后,为了使导师能够成为学生的良师益友,建立尊重平等、相互了解、亦师亦友的师生关系,学校还可以根据校情为每位导师设计《导师工作手册》。在上海小学,导师就需要在这本手册中详细记录每一个"好朋友"学生的个人信息,记录导师与学生的日常交流情况、家访情况、正式谈心情况、书面反馈情况和个性化交流情况。导师在填写手册的过程中能增进对学生的了解,更好地提供陪伴式关怀与指导,如关心学生学习生活、知道学生兴趣爱好、了解学生行为规范、关注学生交友情况、发现学生情绪波动等。

与此同时,在《导师工作手册》中,学校还建议导师们每天都能有意识地和学生进行一次交流,可以是在走廊中遇到时含有眼神交流的一句问候,可以是在课堂上邀请学生进行一次发言并给予鼓励,可以是课间和学生的几句闲聊。这样的日常交流,并不需要导师刻意准备话题和内容,对于学生来说也不像谈心那样的正式,但是细水长流,让师生共同拥有一段美好的回忆,加强了师生之间日常的情感交流,为学生的心理健康撑起了一片保护伞,这就是自然的互动平台。

这些具体的师生互动举措,在一定程度上增进了师生友谊、促进了家校沟通、缓解了紧张的亲子关系、发现了个别学生隐藏的心理问题,进一步提升了教师识别学生"危机时刻"的能力,进一步深化了教师的育人意识。这一机制也便于导师及时反思工作方法,交流经验。

(五)搭建校级平台,鼓励导师发挥特长,开展个性化育人活动

通过与教师、学生的沟通交流,不难发现:师生共同去参与某一件有意义、有意思的事情是导师和学生共同期待的,而导师的个人魅力和兴趣特长在一定程度上也影响着学生对导师的喜爱。其实,每一位导师都是一座"富矿",有着自己的独特的个人魅力和兴趣爱好。学校应当鼓励导师发挥特长,开展个性化育人活动。

比如可以在三个导师基本任务(每学期一次家访、每月一次谈心、

每学期一次寄语)的基础上,鼓励教师带领学生开展一次个性化活动,如"学习一次茶艺""做一次蛋糕""享受一次瑜伽""踢一次足球""制作一次实验""画一幅画""合唱一首歌"等,拉近与学生关系,建立良好沟通基础。

学校还可以借助传统德育活动,为师生交流搭建平台。如科技、艺术、体育等活动或传统节日活动等。比如在上海小学的科技月"植物挂牌"活动中,教师们邀请自己的学生朋友一起到校园里认识植物、寻找植物,为它们挂上标牌,留下了一张张温馨的合影;艺术月中,学校举办了首届学生音乐会,导师将宝贵的入场券送给了自己的一位学生朋友,让他亲临现场,享受音乐的美好。类似的活动设计,不仅能够拉近导师与学生的关系,更是赋予了德育活动设计全新的思路。

四、全员导师制背景下优化师生关系的成效与反思

(一) 成效

学校在认真推行全员导师制的过程中,感受到全员导师制正在改变着教育教学活动,起到"润物细无声"的效果。

第一,全员导师制的开展唤醒了教师的爱与责任,提高了育人意识和能力,构建了和谐的师生关系。这种育人的新机制使教师不仅从学习上关注"好朋友"学生的发展,还注意到了他们的情感变化、心理变化。通过和"好朋友"学生的深入交流和各种活动,慢慢化解问题学生身上的问题。

第二,全员导师制的开展优化了教师与家长之间的沟通,使双方携手并肩,共同建立和完善学生身心健康的守护网,家校联手共同育人。

第三,全员导师制的开展与学校的德育活动相辅相成,赋予了德育活动设计全新的思路。

(二) 反思

全员导师制背景下提升导师育人能力的实践过程中,有一些值得注意的问题,需要予以重视。

首先，需要平衡好教师的导师工作和学科教学工作，加强全体教师的育人意识。在上海小学的实践过程中，个别教师对于班主任、学科教师、导师的育人角度认识不清。对于许多跨班教学、跨年级教学的老师而言，与其结对的学生数量比较多，教师对学生的了解不够，也没有足够的时间经常关心自己的"好朋友"学生，导致这些学科教师对自己的导师角色比较模糊。学生也对自己的导师缺少情感依赖，有问题时还是更倾向于和班主任老师沟通。下一阶段，学校可以考虑为有困难的学科教师建立学生档案。师生结对以后，导师应该充分了解学生的性格特点、兴趣爱好等信息，尤其应重点关注特殊家庭、行为习惯不良、学习困难等特殊学生，并将收集到的信息梳理成档，为导师今后进一步工作提供支撑。如何发挥好每一位导师的育人作用，做到"人人都是德育工作者"，还需进一步思考。

其次，需要引导家长明确"导师"概念，促进家校沟通。个别高年级学生家长在遇到学生学习上的问题时，习惯于主动联系学科教师。为保障全员导师制工作循序渐进开展，如学生家长直接联系学科教师，学科教师应耐心回答相关问题后，礼貌建议学生家长今后如有问题可联系学生导师。同时，学科教师也应告知学生导师，由学生导师主动和家长取得联系，关心问题的后续处理。学校可以利用家长会、家长学校的契机，多向家长宣传"全员导师制"工作的开展，多安排导师与家长线上、线下见面的机会，促进导师与家长的沟通，形成家校共育。

再次，需要研究如何进一步提升导师的专业素养和育人意识。对于青年教师群体，尤其是缺乏育人经验和德育专业素养的职初期教师，可以充分依托学校师徒带教和"成长合伙人"项目，提升导师的育人能力；通过开展故事分享交流会等方式，将导师工作的优秀案例进行推广，供全体导师学习借鉴。另外，在和特殊学生、特殊家庭沟通方面，很多家长寄希望于导师能够对家庭教育提供专业指导，学校也应加强这方面的导师培训，邀请家庭教育专家为教师提供专业讲座、案例指导等帮助，提高导师育人能力，满足家长对学校家庭教育指导的期待。

参考文献

[1] 李希贵,学校如何运转[M],北京:教育科学出版社,2019.

（王　伟）

第三节　家庭教育指导机制

　　家庭是孩子习惯养成以及道德品质发展的重要场所,父母作为孩子的第一任教师,对孩子的成长起着关键的作用。随着孩子进入学校,他们的童年和青少年的大部分时间在学校度过,而这段时间又是他们成长的关键时期。2022年1月1日,《中华人民共和国家庭教育促进法》正式实施,其中第四章"社会协同"中的第39条至第43条明确阐述了中小学在家庭教育指导中的地位与作用。积极推动健全学校家庭社会密切协同的家庭教育指导机制,可以促进学校家庭教育指导工作水平的共同提高,为学生全面发展和健康成长营造良好的育人氛围。

一、组织工作保障机制

　　(一) 加强顶层设计,建章立制

　　学校要重视家庭教育指导工作,从顶层设计方面确立其重要地位。在学校章程中有家庭教育指导的相关内容,发展规划中要根据学校实际情况确定家庭教育指导的实施项目,并在年度工作计划中将家庭教育指导工作列为重点工作。同时建立相关制度,拟定《家长学校管理制度》《家长委员会工作制度》《教师家访制度》《家校互动微信群管理制度》等文件。通过这些制度的落实,保障学校家庭教育指导工作的有序运行。

　　(二) 组建指导团队,落实推进

　　为保障家庭教育指导工作的正常开展,学校成立家庭教育工作领导小组，一般由分管校长担任领导小组组长，成员包括德育教导、大队辅导员、各年级组长、心理专职老师、特殊教育资源老师、卫生老师等。小组定期召开会议，共同对家庭教育工作进行规划、组织实施、指导和评估，以此增强家庭教育工作的管理实效。全体班主任也是家庭教育指导的核心团队，学校要通过"保证"培训教材、"分层"培训内容、"灵活"培训方式，开展专题讲座、班主任沙龙等，组织分学段、分年级、分层次，富有针对性的家庭教育指导和研修活动，来提高核心团队成员的家庭教育指导理论水平和实践能力。

学校还可以聘请专业人士和热心家长担任兼职教师，如校法治副校长、消防辅导员、法治辅导员、心理咨询师等，组成家庭教育指导的兼职队伍，从"家风家训传承""科学育儿方法""情绪管理控制"等角度全面开展家庭教育指导工作。

（三）保障经费落实，专款专用

学校要不断创造和改善家庭教育指导工作的条件，保障经费投入。每年要有专项经费预算，校长室统筹，总务处实施；既有常规项支出，如购买相应学习书籍、组织家校互动活动、聘请专家讲座等，又有根据家庭教育发展状况适时调整投入的份额；各条线按工作需求进行上报后安排使用，专款专用。在人员绩效投入时，学校将家庭教育指导服务计入教师工作量，班主任的家校联系和家长学校指导等及时纳入考核，给予相应奖励。

二、家庭指导运行机制

（一）建立学校家长委员会，参与学校管理

学校要形成三级家长委员会，积极发挥家委会沟通、服务、监督、参与、管理五个作用，促进家校沟通、联动。家委会成员可以依据以下标准确定：关心学校工作，在教育子女方面有一定的心得，在家长中具有一定的威信和积极影响力，有一定的组织能力，时间相对宽裕。在家长自愿的原则下，由家长自荐后形成"班级家委会"；在"班级家委会"的基础上由家长自荐、班主任推荐，形成"年级家委会"；再由年级组长推荐后,形成"校级家委会"。家长委员会在解决学校教育和家庭教育面临的突出问题(如德育、学生安全健康、减轻学生课业负担以及化解家校矛盾等)过程中要发挥积极作用。

校级家委会会议由校级家委会主任负责召集,年级家委会会议由年级家委会主任负责召集,班级家委会会议由班级家委会主任负责召集。各级家委会每学期召开1~2次会议,会议内容可由学校与家委会商定,做好会议记录。各级家长委员会每一年为一届,其间可根据情况进行增减委员。学校充分运行家委会的工作机制,家委会成员参与学校管理,依法、规范、有序地深入学校。校级家委会可参与学校规划的制定讨论,家委会成员可以对教育教学(课堂教学展示)、校园管理(学生校服征订、午餐管理、校舍修缮等)实施监督,集思广益。家长委员会提出建议,学校则及时响应,留存家长建议并积极整改,促进了学校面貌不断翻新。家委会成员可以借助校级家委会群、班级微信群、班级公众号等新媒体形式进行信息互通、研究当前家庭教育动态,为家长提供形式多样的家庭教育指导服务,面向家长宣传科学的家庭教育理念、知识和方法,共同营造良好的育人环境。

(二)办好家长学校,提升家长教育水平

家长学校是以未成年人的家长为主要对象,是宣传正确的教育思想、普及科学的家庭教育知识的主要场所,是促进社会和谐、落实素质教育、构建和谐学习型家庭的重要场所。学校要重视家长学校教师队伍建设,通过组织培训全面提高家长学校教师队伍的能力。家长学校的教师可以包括学校德育骨干教师、家庭教育指导师,以及拥有丰富教育经验的外聘专家和家长担任兼职教师。家长学校要有教学计划、有指导教材或大纲、有活动开展和成效评估。每学期能针对不同年段家长的需求和热点、难点问题举办专题培训或讲座,并形成常态。中小学家长学校每学期至少组织2次家庭教育指导和2次家庭教育实践活动;幼儿园家长学校每学期至少组织2次家庭教育指导和2次亲子实践活动,且各项实践活动适应学生的年段特点和成长需要,有记录、有反馈。因地制宜开展以部分特定群体家长为对象的团体辅导,给需要帮助的家长以长效支持。

家长学校的活动要从家长教育需求出发,分层次、有针对性地创设指导的内容、形式、措施,有创意地开展家庭教育的指导,帮助家长提高自身的素质和修养,让家长进一步了解国家的教育方针、政策和法规,明确家庭教育的重要性。通过有计划、有步骤、全方位、多层面的努力,不断扩大家庭教育知识宣传普及覆盖面,培养家长家庭教育意识,提高家长家庭教育能力,解决家长在家庭教育中的问题,帮助家长树立正确的家庭教育思想和观念,掌握家庭教育的科学知识,充分发挥家庭教育指导作用,提高家长家庭教育的水平。

(三)充分家校互动,搭建沟通平台

家庭是学生成长的原生态环境,家长是孩子天然的教育启蒙者。每个家长对自己的孩子都有天然的爱的情感,都希望自己的孩子能健康成长。因此,家长必然是学校教育的同盟者。但学校教育不同于家庭教育,学校作为专门的教育机构,有自身的教育理念、教育制度和教育方式,家长的教育理念、对孩子的教育期待、家庭教育方式甚至家庭氛围都影响着家校之间的沟通,也影响着学校教育的成效。学校、家庭教育形成合力的基础是彼此理解和信任。

学校要通过各种形式的家校互动,搭建学校与家长的全方位沟通平台,可以借助家长开放日活动,定期邀请家长来学校观摩,活动时间一般是半日,可以观摩学生上课、活动、用餐情况。家长可以走进教室、办公室了解学校的教学工作、德育工作开展情况。也可以借助家长会搭建沟通平台,通过每学期的家长会传达学校的育人理念、学校重点工作和需要家长关注孩子成长的要点。家长会一般由班主任和学科教师共同参与,向家长介绍班级文化和学科学习需要配合的地方,也倡导一对一的家长接待,让沟通更具备针对性、有效性和隐私性。

学校还可以精心策划组织校园开放日,依托重大纪念日、民族传统节日等开展文艺、体育活动,让家长走进学校。例如,主题式参与:如一年级学生学前教育、准备期展示、五年级毕业典礼、校科技节、艺术节、读书节、体育节等主题教育活动,家长参与其中见证孩子的成长,也见证学校的发展。体验式参与:"家长开放"拉近了家长与学校的距离。

如结合传统节日开展的"端午时节话中医"、迎国庆红歌会、"学习型家庭"的评选、"阳光爸爸"的亲子小实验、"智慧妈妈讲故事"等。示范性参与：鼓励家长以义工团的形式，参与学生在校学习生活日常管理工作，如参加班会、交通疏导等。家长交通平安志愿者每天与护导教师一起维持校门口秩序，保障学生安全，也为孩子们树立起热心公益、无私奉献的正面形象，更使学生和家长获得互帮互爱的情感体验。

学校可以结合现代信息技术和微信等新媒体，建立信息沟通服务平台。通过校报、校园网、微信公众号等各种平台及时向家长宣传学校办学理念、教育思想，展示教育教学成果。学校关注家长意见和建议，通过各种形式与家长全方位沟通，如组织家长问卷与调查，通过问卷星收集讲座反馈、征询家长对课后服务的意见等。通过学校的指导，家长参与到学校教育中，形成互相配合、互相支持的双向沟通模式。

(四) 加强课程建设，重视科研参与

家庭教育指导课程是转变家长教育理念、提高家长家庭教育能力的重要抓手。学校要积极开展家庭教育指导研究，通过问卷调查、访谈等多种形式了解家长在家庭教育中的困惑和问题，建立科研课题组引领学校家庭教育工作的开展，研究解决办法和策略。通过家庭教育实践，不断探索和丰富着学校家庭教育的内容、形式和载体，积极打造符合学校实际、家长实情的家庭教育指导校本课程，形成开展家庭教育指导的讲义、校本教材或指导手册等。

上海市教育科学研究院实验小学家庭教育指导课程资源一览表

类别	课 程 名 称	主 要 内 容	课时
文化建设篇	指导孩子懂礼仪	家长主体的责任意识；家庭教育的重要性；家风家训继承与发扬；核心价值观认同；教育理念认同；地域文化等	4课时
	培养孩子良好的道德情感		
	人格教育从家庭起步		
	培养孩子宽容、谦虚的品质		

类别	课 程 名 称	主 要 内 容	课时
入学 升学 篇	新生入学系列指导 面对小升初,家长和孩子该做些什么	招生政策宣传;志愿填报指导;学段衔接指导;生涯指导等	2 课时
行为 习惯 篇	健康习惯的培养 培养孩子珍惜时间的好习惯 教会孩子懂得分享的智慧 如何让孩子爱上阅读 家庭生活中的劳动教育	安全卫生指导;劳动教育;自理自立能力指导;运动锻炼指导;绿色上网指导;学习兴趣激发;学习动机培养;习惯养成;学习方法与策略指导;阅读指导等	5 课时
发展 指导 篇	为孩子打算长远 告诉孩子"你真棒" 遵循孩子成长发展的自然规律	不同年龄身心发展特点;孩子心理教育指导;同伴交往;生命教育等	3 课时
亲子 关系 篇	和孩子成为好朋友 孩子不听话怎么办 走进孩子的内心	尊重与感恩教育;角色定位;亲子沟通技巧等	3 课时
家庭 关系 篇	为孩子创造一个和谐的家庭教育环境 家校祖辈沟通的策略 学会情绪管理	夫妻和睦关系;隔代教养;二孩、单亲家庭教育等	3 课时
家校 合作 篇	与老师沟通要注意方式方法	家校协同育人的意义;家校沟通策略等	2 课时

三、特色品牌创新机制

由于各个学校规模生源情况各不相同,学校应结合实际,形成有利于家庭教育指导工作长效管理的工作项目,创造性地开展有特色的家庭指导教育活动,形成品牌辐射周边学校和家长群体,取得良好效应。下面以上海市教育科学研究院实验小学特色品牌"阳光祖辈俱乐部"为例加以介绍。

(一)"阳光祖辈俱乐部"创立背景

祖辈参与学生教养的比重越来越大,影响力也越来越强,但不少祖辈的教养理念和教育方式和我校的学子培养目标"乐观自信、健康活泼、多元成就、适性发展"相悖。根据学校发展目标和发展规划,我们把祖辈教养指导纳入学校工作中,在"科研兴教"的思想引领下,以市级项目"小学祖辈教养的问题与学校指导策略"为载体,成立祖辈俱乐部,开展祖辈教养的指导工作。

(二)"阳光祖辈俱乐部"内涵

"阳光祖辈俱乐部"聚集祖辈资源,以家庭教育为主题,倡导现代科学的教育观念,普及现代家庭教育知识,发挥祖辈优势,解决家庭教育烦恼,在相互学习中让祖辈家长学会更好地陪伴孩子,做孩子父母的得力助手,争做开心、开明、开窍的阳光祖辈。

(三)"阳光祖辈俱乐部"平台

1. 多元融合,全面发展——俱乐部融合不同教养类型的祖辈,在活动中博采众长,相得益彰,全面发展。

2. 朋辈辅导,引领辐射——俱乐部成员先行,寻找有效育儿方法,辐射到全体祖辈。

3. 参与管理,嫁接桥梁——俱乐部成员积极参与学校活动,了解教育教学相关政策,在家庭教育和学校学习之间架起桥梁。

4. 送课进校，榜样示范——祖辈利用自身优势，开发设计课程并进校授课，通过为孙辈讲故事、带孙辈学非遗技艺等，传承红色基因。

5. 家庭联动，三代同行——祖辈合理定位角色，探索三代人的有效互动模式。

（四）主要成果

1. "阳光祖辈俱乐部"突破传统的学校与祖辈合作的方式，形成学校独特的祖辈教养工作机制，创新了祖辈教养工作的家校合作范式。

2. 通过俱乐部活动形成特色祖辈家长学校，创设了校本特色化的祖辈家长课堂。

3. 形成有效的学校指导祖辈教养工作的经验。

一颗"八卦"心——心系家庭事，

一颗"同理"心——理解隔代亲，

一颗"尊重"心——留足面子情，

一颗"创意"心——搭建多平台，

一颗"热忱"心——协调两代人。

4. "阳光祖辈俱乐部"，以点带面，同辈辅导，形成了独特的运作机制。

5. 形成了祖辈教养的系列学习手册和慕课。

学生的成长离不开家庭、学校、社会的合力支撑，学校作为协同育人的重要场所，通过家庭教育指导，引导家长注重家庭、注重家教，营造积极向上、温馨和谐的家庭氛围，提升家长素质，使家长更好地承担其在家庭教育中的职责。

（吕　捷）

第四节　社会共育机制

个体成长既依赖于有组织有计划的学校教育，也离不开家庭潜移默化的教育影响和社会整体教育性环境的支持。美国学者埃博斯坦(J. L. Epstin)的"重叠影响阈理论"(Over-lapping Sphere of Influence)认为,孩子的学业表现、个体成长是学校、家庭和社区共同起作用的,不是学校的独有功能。[1]在当前推进教育高质量发展、实现教育现代化的背景下,积极构建有效的育人机制,推进学校、家庭、社会三者之间协同育人,对于培育新时代创造型人才具有重要意义。2021年7月,中共中央办公厅、国务院办公厅印发《关于进一步减轻义务教育阶段学生作业负担和校外培训负担的意见》(简称"双减"政策),对减轻义务教育阶段学生过重作业负担和校外培训负担进行了部署,强调要完善家校社协同机制,推进协同育人共同体建设。2023年1月,教育部等十三部门发布《关于健全学校家庭社会协同育人机制的意见》,指出要认真贯彻落实习近平总书记关于教育和注重家庭家教家风建设的重要论述,增强协同育人共识,积极构建学校家庭社会协同育人新格局,着力培养德智体美劳全面发展的社会主义建设者和接班人。到2035年,形成定位清晰、机制健全、联动紧密、科学高效的学校家庭社会协同育人机制。这为全社会成员共同参与教育,推进教育的现代化提供了方向和指南。

"社会"作为共育的重要方面,既作为一个主体性存在,强调全社会成员整体介入到教育事业之中,承担起应有的教育责任,同时,也作为一个物理空间性存在,为拓展学校教育和家庭教育的空间、弥补二者的不足提供条件。换言之,"共育"之"共",是目标之"共"、行动之"共",是学校、家庭与社会共同承担起教育的重任;"共育"之"育"是以育人为本,以促进人的生命高质量发展、全面发展为本。社会作为"共育"的主体与空间,在"共"层面不是单方面的独立存在,而是嵌入机制或结构中的一部分;在"育"层面不是单向度的某一育的功能,而是渗透着德智体美劳等各育的完善空间。因此,社会共育需要形成完整的机制,以顶层设计、育人分工、外部保障等多层面的体系化设计,使之成为学校、家庭、社会共育中的重要环节,从而有效地搭建共育平台,实现协同育人。

一、构建"协同性"社会共育的顶层设计

"共育"的核心是"协同"，它意味着在这一过程中，不同组织、不同个体都能够在这一育人体系之中找到适合的位置，为促进人的全面发展发挥独特的作用。社会共育既是作为育人单位的"社会"内部不同组织与个体之间协同推进育人实践，也是作为教育事业的一个子系统，其与家庭、学校等教育系统实现协同。整体而言，社会共育作为一种育人行动，至少应实现主体协同、方式协同和评价协同。

（一）目标协同：明确各育主体的行动指向

家庭、学校和社会在学生成长发展中起着重要作用，需要具有核心指向，即目标统一，以确保育人主体能够有效合作、有序运转，进而实现整体教育系统功能大于学校系统、家庭系统乃至社会系统的各自功能之和。教育部等十三部门联合印发的《关于健全学校家庭社会协同育人机制的意见》，明确家校社协同育人要中心突出，围绕立德树人[2]，培养德智体美劳全面发展的时代新人。立德树人是现代教育综合改革发展的重要目标。

家校社协同育人应始终以立德树人为指路明星，有助于以共同目标划定家校社协同育人的同心圆，打破家庭、学校、社会分割、联通不畅等状态，为协同育人实践活动提供正确的价值追求和价值导向。[3]

（二）主体协同：唤醒各主体的教育责任

任何育人行动的推进都以人的参与为前提。在社会共育中，首要的问题是"谁来共育"。唯有明确共育的主体，明晰其所应当承担的教育责任，达成主体之间的合作与默契，社会共育才切实可行。事实上，从广义的教育来看，全社会所有人都应当承担起教育的责任，因为从教育的视角看社会，所看到的是"教育性社会"，"这里蕴含了另一种教育期盼：让社会中的每个角落、每个褶皱、每个血管、每个细胞都散发教育的气息，拥有教育的力量"[4]。以此观之，社会全体成员，社会各个组

织与场所,都拥有教育的潜能,所有的物质性的存在都有可能转化为文化性、精神性的存在给予人以教育的力量。社会共育首先要唤醒这些潜在力量,让文化场所与非文化场所都形成一种文化自觉与教育自觉,将自我的发展代入到他者发展的视野之中,让每一个成员意识到自身的德智体美劳之于他者生命发展的影响与价值,使得自身成为社会意义的"教师"与"学生"。每一个人都拥有教育的眼光,接受他者教育与自我教育,并以自身的教育责任让社会充满教育的气息。

(三) 方式协同:发挥不同组织与成员的优势

机制的稳步运行依赖于机制内部不同主体之间的协作方式。社会共育机制架构的第二大问题是"如何共育"。从社会内部看来,社会共育不同于学校和家庭,社会是一个庞大的共同体,其涵盖着个人、营利组织、非营利机构,囊括了复杂的社会空间与社会时间,置身其中的每一个组织与个人都有其自身的独特性与丰富性。如何满足不同组织与个人的利益诉求,达成诸多主体与要素之间的有效衔接,是社会共育机制必须解决的问题。从社会与家庭、学校的共育关系来看,社会本身也具有独特性。因此,社会共育的核心在于针对不同组织与个人的优势有的放矢,既使得其能够承担起本有的职能,满足其应有的利益诉求,又能够在此基础上发挥教育功能,为未成年人的发展提供机遇与条件,为学校和家庭教育提供必要的支撑。总体而言,应兼顾不同组织与个人的利益诉求、资源优势、基本观念、自我需要等,通过综合考量,形成行之有效的育人方式方法,使教有所得,育有所为。

(四) 评价协同:推动协同育人的整体活力

评价具有导向作用。建立健全科学合理的考核评价机制是有效推进协同育人的重要保证。[5]通过考评家校社协同育人的实施效果来增强协同育人活力。在考核评价体系中,设置合理的评价方法,注重理论评估与实践评估相结合,制定科学合理、定量与定性相结合的评价标准,加强各育人主体之间在协同育人中所形成的沟通交流和合作的质量考评,形成完整有效的评价体系。社会共育机制的切实可行、确实有效，离不开衔接不同社会主体与成员，联结学校与家庭的育人评价体系的建构。

协同性评价体系的建构，是完善社会协同育人机制的重要保障。以协同育人目标为指向，直指具体的人的发展，以社会整体的行为习惯、文化习俗、教育观念、参与意识等精神性的维度为参照，通过理想性目标与现实性目标的互动，不断促进人的发展；另一方面，完整的协同性评价体系的构建也有助于家庭、学校及社会各育主体同步监督、协同管理，为社会协同育人注入永久活力。

二、明确"互补性"多元参与主体的育人分工

"共育"是不同主体相互协作的共育，不同主体因其自身的独特性可以在育人机制中发挥不同的价值与功能。社会共育机制的有效运行，需要明确不同主体在共育中的分工，充分明确其育人职能与重点，形成不同主体育人的相互补充与共同推进。

（一）学校：主导共育

学校是有组织有计划地实施教育的机构，其在育人方面具有无可替代的专业性。在共育体系中，学校一方面应秉持其专业精神，承担传统的育人使命，在时代变革与理念的变革中不断推进学校育人理念的变革和育人方式的转变。以人的全面发展为根本使命，及时沟通学生情况，充分利用现代信息技术记录学生在校期间思想情绪、学业状况、行为表现和身心发展等情况，通过"双线融合"等多种形式保证家校交往的成长性和常态性，实现教师与学生生命的发展，推进学校的整体转型，不断迈向人的现代化与学校的现代化。另一方面，作为共育体系中的关键一环，学校应走出封闭的育人范围，充分发挥自身在专业指导方面的优势，为家庭、社会育人提供人力、智力和资源的支持。同时，学校应厘清家庭教育指导的边界，[6]统筹好社会各育人主体的优势。

于家庭，学校可以通过给予家庭以教育指导，推进家庭育人和家长育人观念与方式的转变，家校合作培育时代新人；于社会，用好社会育

人资源,拓展校外育人空间,将其作为实践育人的重要途径,着力培养学生的社会责任感、创新精神和实践能力,更好地满足学生的多样化学习需求。

概言之,学校可以作为社会共育的组织者、策划者和统筹者,充分发挥现有优势、发掘未来优势、开发潜在优势,成为社会共育的主导和重要枢纽。

(二)家庭:实施主体

家庭是教育的主阵地,家庭是育人的第一场所。每一个儿童首先是作为孩子生活在具体的家庭环境之中,家庭成员所呈现的言语和行为既在潜移默化的过程中实现对孩子的教化,也通过长期的展示而成为儿童模仿的对象。良好的家庭环境的塑造对于儿童行为习惯的养成至关重要。根据保罗·威利斯的研究[7],工人阶级子弟之所以子承父业,是因为在父辈观念和学校教育的冲突作用中,工人阶级子弟反抗学校正统文化,最终走上了父辈们的老路。足见家庭和家长在营造育人环境与形塑儿童观念中的巨大作用。家庭作为儿童长期浸润的相对安全的场所,作为非正式的育人单位,最能够凸显育人的价值,因为所有的教育都可以在日常生活之中发生,儿童理想信念与行为习惯的养成都在这一场所得以真实体现。

因此,应重申家庭教育的重要性,唤醒家长作为儿童教育的第一责任人的意识,以先进的育人理念纠正其思想的偏颇,树立"大教育观念"。充分认识社会实践大课堂对子女教育的重要作用,积极协同学校教育,以家校互助促进家庭环境的良好的建构,以社区文化建构推进家风、家庭文化的推陈出新,从而实现家庭从生活空间向育人空间的转变。

(三)社会:有效支持

个体的发展不可能脱离社会群体及社会发展而独立存在,社会具有深刻而广泛的育人资源。与社会合作也是埃博斯坦提出的实践模式之一,意在整合社会资源使其为学校教学计划、家庭活动及学生学习带来便利。[8]此处的社会内涵丰富,涵盖了除学校等教育部门、家庭之外的其他育人主体,如企事业单位、各类政府部门、社会团体乃至学校周边社区等各类非教育性组织。

虽然社会各界越来越关注、重视教育,但社会在实现协同育人价值方面仍存在许多问题。一是学校周边社区和企事业单位与学校缺乏联动共育机制,育人效能尚未得到有效开发;二是大量社会场馆缺乏专门的教育部门为学生提供专业的课程开发和指导,场馆的育人作用发挥不出来;三是线上线下育人环境良莠不齐,网络上也充斥着许多不良内容,[9]这些不利于学生身心健康成长,影响了社会共育效能。

社会教育是一种活的教育,其深刻性、丰富性、独立性、灵活性远非学校可比,需要对其进行整合和引导,才能成为社会共育的重要支持力量。首先,完善社会家庭教育服务体系。将家庭教育指导作为城乡社区公共服务重要内容,构建普惠性家庭教育公共服务体系。其次,推进社会资源开放共享。社区应积极联合学校各教育部门为学生开发各类适应性综合实践类课程,培养学生参与社会活动的能力,促进学生身心健康,增强社会责任感,提高学生审美鉴赏能力。再次,净化社会育人环境。国家相关部门应深入开展网络综合治理,积极配合学校安全工作机制,深化整治各类违法违规类校外培训,为学生身心健康成长提供一个和谐的社会环境。

三、形成"融通性"协同育人的实践样态

以培育德智体美劳全面发展的人为核心指向,基于目标协同、主体协同、内容协同以及评价协同的设计思路,各育人主体应在明晰自身职责的前提下,积极探索融通各界的协同育人实践。本文以金山区为例,分别从教育行政部门、家长委员会及学校三个视角,介绍该区如何通过构建教育联盟机制、家委会联动机制、地域资源联通机制,大胆创新,形成融通性的协同育人实践样态,为实现学生的内涵式发展提供有力支持,推动了金山教育的高质量转型。

（一）构建校外教育联盟机制：营造育人"大"环境

为避免育人服务的碎片化，金山区着力打通行政界限，实现了服务目标、内容与方式以及评价的协同，探索了以教育部门为主导的多部门协同的育人格局，构建校外教育联盟机制，全力整合育人资源，营造育人大环境。

案例 1 金山区学校少年宫联盟机制

学校少年宫联盟是金山区教育局与区文明办联合推出的一项公益性学生综合实践教育拓展项目，形成了学校少年宫 39 所、项目教育中心 10 个、社会成员单位 19 家、镇域学校少年宫联盟 1 家、村居少年宫 2 家等联盟阵营，是一项融合育人的创新项目。通过加盟的方式，把零星分布的优质教育资源纳入联盟"大家庭"，为教育互动互联提供"平台"，为广大未成年人搭建更多丰富多彩的实践活动"舞台"，为促进未成年人的身心健康和全面发展提供"展台"。实践中，金山区学校少年宫联盟共推出德育类、体育类、艺术类、科技类、实践活动类项目，逐渐形成了区域青少年活动中心示范引领、学校少年宫强强联手、校外资源有序释放的联盟发展"金山模式"。

除金山区学校少年宫联盟外，围绕学生体质健康的国家战略，金山区根据市体教融合的要求，在实现专业教练共同培养、专业场地共建共享、体育赛事共同组织的基础上，走出"体教一家"的道路。区教育局、体育局携手成立了青少年体育工作办公室，负责统筹、协调、指导和组织开展青少年体育工作。通过协同管理，以促进学生健康成长为目标，集资源、活动、评价于一体，提出学体并重、德智体融合的青少年体育人才培养模式，将学生体育训练与品德培养、文化课程学习相结合。

打破行政界限的部门协同，不仅保障了育人资源的有效供应，更实现了多重育人主体共赢局面。

（二）创新各级家委会联动机制：充分发挥家长育人合力

为充分调动家长参与积极性，保障家长参与途径，开发家长育人潜力,金山区进行了积极探索,创新探索各级家委会的联动机制。首先,成立上海市首家去行政化的区级家委会组织——金山区家庭教育促进会,这是一个接受区教育局业务指导的、自发成立的全区性社会团体,以组织和团结家长、与金山教育发展同步、为金山教育发展建言献策为宗旨,为学生全面健康成长提供全方位保障和多元化资源平台。其次,区域层面整体推动,形成了家长学校联盟、家委会联盟以及地区家长委员会。再次,校级层面层级联动,形成了"学校、年级、班级"三级家委会驻校制度。由此,点面结合、纵横相联、校际合作的家长参与式融合育人局面得以形成。

案例2　亭林地区家校合作创新实践项目

"亭林地区家庭教育指导联合体"是由亭林镇域层面各界联合的整体推动、提升家庭教育能力的创新项目。项目组面向全镇学生进行调查,根据学生居住情况,在区域内划分了25个"快乐成长小基地"。每个小基地由家长担任组长,对应的学校选派教师志愿者。项目组编撰了《亭林地区家庭教育指导手册》,分学前、小学及初中三个学段,设有生活指导、学习指导和实践指导等三大课程群:生活指导篇包括安全、健康、礼仪、自理和理财等课程;学习指导篇包括学习环境、学习习惯和学习心理等课程;实践指导篇包括"探寻亭林最美八景、松隐禅寺、享农耕乐趣、尽享亭林美食"等综合实践活动课程。指导手册涵盖了孩子从学前到初中各衔接点的家庭教育指导基本要点。依据亭林地区家庭教育指导手册,小基地的成员各司其职:家长组长走访基地内家庭,了解学生意愿,在不断听取、汇总意见的基础上,选择课程内容进行实施;学校德育负责人为志愿者家长进行授课宣传培训;家长志愿者与教师志愿者采用双师制,互相合作共同办好小基地课堂。如,新港村基地家长教师范同学的妈妈根据《小学篇·心理健康》中"同伴交往"上了"牵手"一课,活动主要通过游戏让孩子体会到助人与被助的快乐,学会帮助别人,与人合作。首先,教师志愿者和范妈妈共同完成备课:备课前进行初步沟通,由范妈妈进行初备课,再由志愿者教师与范妈妈研讨后修改,完成备课。随后范妈妈进行上课前的试教准备：由志愿者教师对范妈妈上课的仪表、仪态、语言等进行指导。最后是范妈妈在基地为参加本次活动的孩子和家长上课。活动结束后，志愿者教师与家长老师、基地家长共同归纳分析活动材料，撰写活动小结……快乐成长小基地活动使农村祖辈家长、外来务工家长、教师与学校站到了同样的起跑线上——共同为孩子的成长发展献计献策，奉献才能，互动合作。在一次次体验后，家长的执教能力得到提升，教育效果越来越好。

各级家长的联动，让家长们切实参与到育子活动中，意识到家长在育人过程中的教育责任，家长转变了传统的教育观念，提高了育人能力。家长资源的调动和能力的挖掘，为完善共育机制寻找了强有力合作伙伴。

(三) 探索地域资源联通机制：合力挖掘育人资源

为形成全社会协同育人新格局，金山区不仅打破行政边界，还着力打破教育系统内外边界，积极开发各类社会资源，合力建设学生综合实践活动基地，协同搭建资源管理服务平台，营造社会育人大环境，也为减少城乡教育差距作出了有力贡献。随着《义务教育课程方案和课程标准（2022 版）》的出台，为落实培养目标，金山区各校积极遵循义务教育课程"变革育人方式，突出实践"的基本原则，将教育阵地从课堂延伸到课外实践，教育的内涵和外延不断向纵深方向发展。

案例 3 亭林小学"亭林小囡"综合实践课程

围绕"人人都能成才"学校办学理念，在全员导师制背景下，学校联合家长、社区共育，把日常生活中的各种活动变为更具教育意义的生活课堂。学校借助亭林本地区丰富的地域资源，梳理出亭林小囡"i亭林、i节日、i悦读"三个板块课程，涉及亭林遗址公园、良渚文化、亭林八景、名人轶事、传统文化、红色基因及农耕文化等，在社区、家长的支持下开展各类跨学科活动和综合实践活动，提升学生的综合能力。如一起过节、一起劳动、一起敬老、一起出游、一起过生日、一起做志愿服务等。在实践拓展过程中，学校老师、家长、社区志愿者等组成的导师团和小囷们一起学习历史文化、传统文化、文明礼仪，开展生命教育、劳动教育、美育教育等，实现深度融合，形成"家校社"协同育人机制。

一是各司其职，形成了集合式融入关系网。小囷们既是家庭的一员，也是社会的一员。他们经过学校教育的洗礼，成为有理想、有本领、有担当的时代新人，最终融入社会，贡献社会。家校社之间的关系如右图所示。从图中可以看出，家庭、学校、社区三者的核心交点是亭林小囷，家庭责任是第一个集合，家庭是小囷人生的第一课堂，父母是小囷的第一任老师，承担小囷的教育抚养义务。作为第二集合的学校，组织开展各种家庭教育指导服务和实践活动，促进家庭与学校共同教育。而第三集合社区则为家庭和学校共同开展的各类教育活动和实践活动提供服务和保障。学校如要进行综合实践活动，必先要设计好活动预案，制定方案；家庭积极参与协调，活动中始终陪伴小囷；社区则为活动提供场所、服务、安全保障，确保活动顺利完成。活动中，家庭、学校、社区同心协力，共促小囷成长。

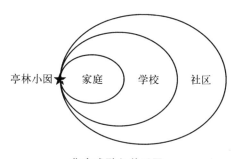

集合式融入关系网

二是共享资源，建筑了网状式活动阵地营。亭林镇是一个千年古镇，有着深厚的历史文化底蕴和人文气息，有新石器时代的良渚文化、亭林八景、"江南第一松"的铁崖松等，现今的有上海市乡村振兴示范村油车村、红阳村村史馆、铁皮石斛基地、栖静书院、三和德文创中心等。基于丰富地域资源，学校邀请亭林镇政府、亭林镇旅游开发公司、家长代表、其他社区成员联合商讨，选定一批特色资源，在"双减"背景下作为"亭林小囷"实践活动阵地营，成为小囷们实践活动的基地和乐园。（如下图所示）

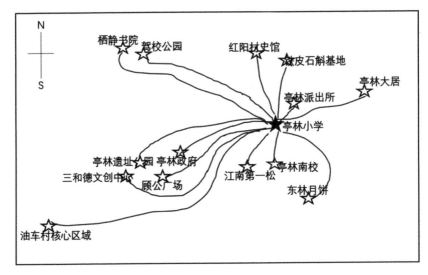

网状式活动阵地营

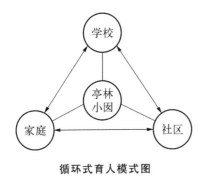

循环式育人模式图

三是实践创新，绘就了循环式育人模式图。在"亭林小囡"系列课程活动中，以亭林小囡为主体，聚焦立德树人的根本任务，以家庭教育为基础、学校教育为核心、社会教育为保障，通过明确三方在协同育人共同体中的职责，建构循环式育人模式图，以实现促进"亭林小囡"全面发展的育人目标。（如上图所示）

如在"i节日"《探秘端午》实践活动中，小囡们在探秘香囊中的草药时，他们有的步行，有的在家长带领下在各个中草药店铺中穿行，当大家成功购买到所要的草药时，兴奋地互相交流着认识草药的体会，并以日记、画画、摄影或者其他形式记录他们快乐、美好的时光。探秘活动让小囡们既认识了中草药的传统文化，又充分锻炼了意志力、团队合作能力，也进一步激发小囡们热爱家乡、热爱大自然的美好情感。

家校社协同育人机制的构建与完善需要政府、学校、家庭、社会团体、企业等多方参与、共同推进,建设起多元化、协作式的社会共育的教育生态系统,这是推动我国育人事业发展的重要途径。在新时代背景下,家校社协同育人更加需要强化合作、提高效能、创新方法,以更好地为学生全面发展和成长服务。针对当前存在的问题和挑战,积极推进家校社协同育人的实践和研究,不断完善育人体系和机制,为实现教育强国、人民幸福、国家富强的宏伟目标作出新的贡献。

参考文献

［1］乔伊斯·L.爱泼斯坦,等.大教育:学校、家庭与社区合作体系[M].曹骏冀,译.哈尔滨:黑龙江教育出版社,2016.

［2］高文苗.构建家庭、学校与社会联动的德育体系[J].人民论坛,2019,No.635(18).

［3］［5］李静.家校协同育人研究[D].贵州大学,2022.

［4］李政涛.当代教育发展的"全社会教育"路向[J].教育研究,2020,41(6).

［6］王东.论学校家庭教育指导工作的边界及其启示[J].中国教育学刊,2023(1).

［7］保罗·威利斯.学做工[M].译林出版社,2013.

［8］唐汉卫.交叠影响阈理论对我国中小学协同育人的启示[J].山东师范大学学报(人文社会科学版),2019,64(4).

［9］倪闽景.家校社协同育人需要进行顶层设计[J].人民教育,2021(8).

(张蓓蕾)

第四章

课程思政推进机制建立完善

第一节　有效落实德育课程

　　学校教育,德育为首。而德育工作中,德育课程是最为基础和核心的组成,是育人的主渠道和主阵地。2017 年印发的《中小学德育工作指南》明确提出,严格落实德育课程。按照义务教育、普通高中课程方案和标准,上好道德与法治、思想政治课;围绕课程目标,挖掘课程思想内涵,利用时政媒体资源,精心设计教学内容,发展学生道德认知。从这段话中我们可以得到两个结论:一是德育课程就是指初中道德与法治、高中思想政治课;二是落实德育课程就是在符合国家课程政策的要求下,围绕育人目标指向,遵循学科本身要求和学生身心发展规律,凸显德育课程校本化实施。

一、德育课程校本化实施的重要意义

　　从当前中小学德育课程实施情况来看,仍需破解一些认识误区和难点瓶颈,根据《指南》对德育课程实施的具体要求,通过学校自主开发研究,进一步深化德育课程校本化建设工作。审视当前中小学德育课程现状,主要存在以下三方面的问题。一是德育课程边缘化。在思想意识上,无论是学校、老师、家长和学生,习惯上把思想政治课和道德与法治课视为"小学科",大家对课程的重视程度不够,很少把它们放在德育的框架体系中加以认识。二是德育课程理论化。实际授课过程中,思政和道法课还是过多地聚焦于知识点的教授,以考定教,对教学中的情感目标、德育目标比较忽略,对知识点中所蕴含的德育价值挖掘不够深入,把学生的思想道德培养放在知识传授之后。三是德育课程单一化。学校在推进德育课程建设的过程中,教学方式比较单一。对德育课程中的实践育人方式多样化关注不够,主题教育实践活动开发相对还比较贫乏。围绕以上三方面问题,学校应结合本校实际情况,按照学生身心发展规律要求,将德育课程放在"大德育大思政"的范畴中定位和设计,加强德育课程目标、内容和实施的具体研究,优化德育课程构建与工作实践,切实提高中小学德育课程的立德树人水平。

同时,随着我国新一轮教育课程的改革不断推进,进一步优化德育课程是一件势在必行的任务。在双新背景下,课程标准从"双基"到"三维",实现向"学科核心素养"的变迁。《普通高中思想政治课程标准(2017年版)》指出,思想政治学科核心素养主要包括政治认同、科学精神、法治意识和公共参与。《义务教育道德与法治课程标准(2022年版)》指出,道法课核心素养包含政治认同、道德修养、法治观念、健全人格、责任意识。德育课程校本化实施,是在坚持国家课程原则的前提下,以"学科核心素养"为指引,因校制宜,从学校实际出发挖掘整合学校及周边德育资源,形成能够对学生起到积极道德教化作用的课程体系和实施策略。学校在德育课程校本化实施过程中,充分利用学校人力物力资源,充分利用各种有利的平台与载体,形成育人合力,提高育德立意、夯实德育效果。

二、德育课程校本化实施的具体路径

(一) 德育课程目标内容校本化

思政课和道法课是德育和思政育人实施体系中的核心课程。通过思政、道法课程的学习,中小学生系统认知、理解和体悟思政基础知识、马克思主义理论和中国特色社会主义思想,培养政治认同、法治观念、理性精神、道德修养、公共参与和责任意识,为学生成长奠基和精神着色。学校应加强对思政课学科建设的顶层设计,立足课程目标及课程内容,深入探索构建思想政治课程核心素养目标体系,以此作为学校德育课程的校本化目标,统领学校德育课程的教学实践。同时,对思政道法学科教材细致梳理,引入相关文字、图片、视频,包括重要文件、讲话、文学作品、电影、纪录片、动画等,配合生动活泼的教学方法,结合学生学习实情和地区特点,确定校本化学习内容,构建德育课程校本化实践体系。

高中《思想政治》必修一的校本化学习内容梳理表

必 修 一		教材内容	校本化学习内容
第一单元人类社会发展的进程与趋势	第一课社会主义从空想到科学、从理论到实践的发展	原始社会的解体和阶级社会的演进	从考古学、人类学、民族学、神话传说等角度出发,了解远古人类生产生活状况,从生产工具、生产关系、社会关系等方面归纳原始社会的特点,并记录,课上进行交流分享
		科学社会主义的理论与实践	阅读《马克思靠谱》(东方出版社),观看传记影片《青年马克思》(拉乌尔·佩克执导),观看动画片《领风者》(哔哩哔哩动画网站),初步了解马克思、恩格斯生平和思想发展
第二单元中国特色社会主义的开创与发展	第二课只有社会主义才能救中国	新民主主义革命的胜利	阅读李大钊的《我的马克思主义观》《庶民的胜利》,毛泽东的《共产党人〈发刊词〉》,回答马克思主义是如何在中国迅速而广泛地传播,为中国无产阶级政党的创建准备条件。阅读毛泽东的《新民主主义论》《中国革命和中国共产党》《共产党人〈发刊词〉》,回答中国共产党能够夺取新民主主义革命胜利、建立新中国的原因
		社会主义制度在中国的确立	观看1954年第一届全国人民代表大会相关视频,或选读1954年《中华人民共和国宪法》的相关内容,从国家根本法的角度进一步了解从新民主主义转变到社会主义的具体途径及其意义
	第三课只有中国特色社会主义才能发展中国	伟大的改革开放	以"改革开放让我们的生活发生了哪些变化"为主题,分组查阅资料、访谈调查等,从不同角度了解改革开放以来人民生活发生的巨大变化。"以他们为何能作出这样的贡献"为题,查阅相关资料了解100名改革先锋的事迹,选其中一位人物探究原因和事迹所展示的精神

续　表

必　修　一		教材内容	校本化学习内容
第二单元 中国特色 社会主义 的开创与 发展	第三课 只有中国特 色社会主义 才能发展中 国	中国特色 社会主义的 创立、发展 和完善	以"改革"为主线,梳理十一届三中 全会以来历届党的三中全会的会议精 神与核心内容,提炼中国特色社会主 义在创立、发展和完善等不同阶段的 关键核心要点,制作"中国特色社会主 义理论要点回顾"
	第四课 只有坚持和 发展中国特 色社会主义 才能实现中 华民族伟大 复兴	中国特色 社会主义进 入新时代	围绕"中国特色社会主义进入新时 代"主题,开展新时代成就摄影或绘画 展、微视频制作、时政演讲、制作思维 导图、观看纪录片等活动,从中体会时 代之"新"
		实现中华 民族伟大复 兴的中国梦	观看央视纪录片《百年潮　中国 梦》,理解实现中华民族伟大复兴凝聚 着几代中国人的夙愿,理解中国梦的 本质是国家富强、民族振兴、人民幸 福。以小组为单位,撰写发言报告,在 课堂上交流发言
		习近平新 时代中国特 色社会主义 思想	学习习近平总书记在纪念五四运动 100周年大会上的讲话,谈谈在中国特 色社会主义新时代,我们青年人如何 有所作为
综合探究一 回看走过的路,比较 别人的路,远眺前行 的路		中国特色 社会主义的 科学真理性 和历史必然 性	阅读郭沫若《马克思进文庙》有关段 落,比较马克思主义和以孔子为代表 的传统儒家思想的异同,思考两种不 同思想对通往未来理想社会路径的作 用,谈谈对马克思与孔子穿越时空对 话的理解,撰文并在班内进行演讲
综合探究二 方向决定道路,道路 决定命运		坚定自 信,实现中 国梦	搜集中国经济建设、政治建设、文化 建设、社会建设和生态文明建设等领 域取得的成功经验,探讨中国为世界 贡献了哪些中国智慧、中国方案

（二）德育课程教学范式校本化

德育课程的落脚点在课堂，生命力也在课堂。长期以来，思政道法课存在面目严肃、理论说教、单调枯燥的刻板印象，要加强对思政道法课程教学的探索研究，切实提升思政道法课的亲和力、引领力和动员力。突出学生视角和学生立场，坚持立足学生身心发展规律和思想状况，寻求思政课堂的新机制，改进思政教育方式方法，不仅注重理论引导，还要关注参与、浸润和体验，使学生逐渐从感性认知走向理性认同，以求立德树人目标的高效达成。推进整体式教学、议题式教学、问题式教学、主题式体验教学等教学范式，创新社会调查、现场辩论、课堂演说等多样的活动方式，引入鲜活的时政资源和社会热点话题，包括"一带一路"、长三角一体化建设、芯片制造、乡村振兴等，引导学生带着问题进教室，带着新的问题出教室，在"情境创设—思辨学习—拓展学习"的教学过程中，形成真实情境、任务驱动、问题导向的德育课程教学新样式。

比如，在主题式体验教学范式中，通过教师梳理教材和学生问卷调查，教师整理出课堂教学的重难点和符合学生的兴趣爱好的思政主题，将其转化为教学情境，深化学科内容，引发学生思考，推进主动学习。教师指导学生深入思考并转化为研究性报告。通过主题式体验教学，学生从单一的课堂学习空间里解放出来，充分利用丰富广博的社会资源，去学习调查、研究分析、发现问题、解决问题，逐步形成正确的世界观、人生观、价值观。学生在主题式体验教学中自觉形成道德认知、道德情感、道德行为，实现学科知识和道德素质同向提升。

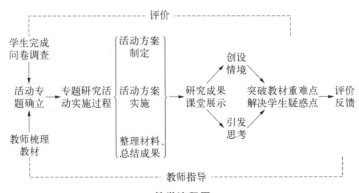

教学流程图

（三）德育课程实践活动校本化

习近平总书记指出："大思政课"我们要善用之，一定要跟现实结合起来。德育课程最大的魅力在于"大"，可包罗万象；德育课程实施最好的途径在于"和现实结合"，引入社会的大课堂。要不断创新德育课程"打开"方式，融合时代发展特点和青少年喜爱的元素，推动德育课程和现实生活结合，开展形式多样的实践活动，让学生在更广阔的空间里考察、体验和研究，推动学生在主动探寻的过程中确立积极正确的价值观念，为后续的发展和教育奠定基础。如运用模拟政协、模拟法庭、模拟联合国等方式，提升德育课程的鲜活性和有效性。结合思政课、道法课教学内容，开展"行走的德育课""思政大舞台""时政辩论赛"等主题活动，使德育课程的教学过程成为学生体验生活、道德成长的有效过程。

以模拟政协为例，学校建立"校级—年级—班级"三级联动机制，依托社团活动平台，以文字建言、图形建言、实物建言等多种形式，引导学生关注身边事物、关注身边生活的同时，学会建设性表达，逐步科学地表达自己的主张。模拟政协社团开展活动的过程中，由社团负责人组织开展政治理论学习，社团成员深入学习习近平新时代中国特色社会主义思想及人民政协有关知识，充分了解相关知识，坚持正确理论道路。同时，社团详细介绍"模拟提案征集活动"，指导学生针对社会生活中的某一问题，反复思考、深入调研，说明要求解决的问题和理由，提出解决问题的建议和方法。经过讨论，学生达成共识，针对亟待社会解决的问题形成"模拟提案"。模拟政协实践活动推动人民政协理论与实践知识的普及，激发学生的社会责任感，促进学校的民主管理。

三、德育课程校本化实施的保障机制

（一）物质保障

在德育课程校本化的实施过程中，学校要构建数量充足、职称年龄结构优化的思政教师队伍，保障德育课程时间，不折不扣落实国家课程要求。建设专用党员活动室、团队活动室，有条件的学校还可以为师生建设专门的德育课程活动场所，为学校德育课程的落实提供良好场地设施。同时,设立思政道法教师专项补贴,根据教师教育教学情况及年度考核实施动态管理,确保德育课程教学改革稳步推进。

学校要深度融合德育力量,邀请地方党的领导干部、专家等作为特聘教师,定期来校为学生开设"上善思政大讲堂"。加强和区域内社区、企事业单位、社会团体、公共文化机构的沟通协作,开发并凝聚校内外人力资源,建设一支多元化思政育人工作队伍。有机整合学校周边资源、地区红色资源,扩展学校德育课程资源版图和学习路线,构筑学校育德同心圆。

（二）队伍支持

习近平总书记强调,办好思想政治理论课关键在教师。加强学校党组织、德育室和德育课程教师的联络,建立日常沟通机制和例会制,促使德育课程教师从"学科为本"转向"育人为本",推动德育课程融合成为学校大思政育人体系中的有机组成部分。

完善思政道法课教师研修机制。定期开展党的基本思想、基本理论及方针政策专题学习,形成"学习—交流—实践—反思—学习"的螺旋式提升学习策略。如在党的二十大报告精神学习中,共同讨论关于党和国家事业发展战略部署的历史逻辑、理论逻辑、实践逻辑,以及帮助学生理解的有效方法。加强对统编教材的深度研究和双新课改实践,通过定期开展集体备课会、德育课程建设培训、德育课晒课评课等活动,交流分享和总结思政育人经验,为上好德育课程提供借鉴指导。

着力开展思政课教师校本培训,注重将师德师风、政治素养、专业素养与育德素养相结合,激励教师用向真向美向善的言行感染学生,引导学生,传递正能量。

（三）激励引导

学校加强正向激励引导,鼓励德育课程教师以课题立项、主题研讨、教学案例等形式,申报教研课题,开展专题研究,参加评奖评优。常态化开展德育课程课堂展示和评优活动,推出一批德育课程示范课堂,不断探索整体式、主题式、实践式教学方法在育人过程中的新成效。

完善制度体系,强化工作考核,将德育课程实践纳入德育考核评价指标,加强教学督导,以考核评价引导德育课程有效实施。同时,将学生思想道德素质提升作为德育课程考核的重要内容,在考查、作业、测试中结合案例分析、情境设计等方式,渗透思想政治教育目标,推动学生关键能力和核心素养养成,形成教师发展与学生培育相促进的互动模式。

以育德能力为重点,选树优秀思政教师典型,加强各类媒介推广和宣传,探索符合德育课程教学规律、贴近学生成长成才的育人方式,促使思政教师真正成为德育工作的中坚力量。

(沈方梅)

第二节　发挥课程德育功能

随着《中小学德育工作指南》的下发,中小学教育进入到课程改革阶段,也对中小学课程教学提出了更高的要求。特别是课程思政理念在中小学实际教学中的应用,既是对"教书育人"教学的本质回归,也是对"立德树人"任务的有效回应。所谓中小学课程思政就是"依托中小学课程对学生进行思想政治教育的育人理念和教育活动"[1]。因此,只有将课程思政理念贯穿中小学教育的全学科、全过程,进一步挖掘中小学教育中蕴含的德育元素,发挥全学科德育功能,才能突破传统教育的局限,形成全员育人、全程育人、全方位育人的德育工作格局。

一、课程思政理念下挖掘中小学教育中德育元素的基本原则

中小学教育中涉及的学科众多,既有人文社会科学,又有自然科学,在挖掘课程中的德育元素时需要立足课程思政理念,以各门课程的核心素养为基本导向,坚持立足教材和课程标准,结合教学实际,秉持问题导向、整体导向和价值导向原则,充分发挥各个学科的优势和特

色,充分挖掘蕴含其中的德育元素。

一是坚持问题导向原则,增强德育元素挖掘的广度。中小学教育教学要以知识传授为基本教学目标,以基础知识讲授为主线,坚持问题导向原则,在引导学生发现问题、观察问题、探究问题、分析问题和解决问题的全过程挖掘出其中蕴含的德育元素,切实增强德育元素挖掘的广度。一般来说,中小学课程中包含的德育元素,既与课程知识内容紧密相关,也与教学的组织形式密切相关。因此,教师要善于利用社会时代热点问题激发学生学习兴趣,引导学生用已经掌握的知识解释生活中的问题,增加课堂参与感的同时,也培养了学生的问题意识和创新思维。除此之外,教师还要尊重各门课程在课堂中的知识主体性,通过创新教学方法与手段将德育元素润物无声地渗入教学环节,潜移默化地教导和影响学生。

二是坚持整体导向原则,增强德育元素挖掘的深度。中小学教育教学要以能力培养为基本教学目标,围绕提升学生学习能力、应用能力这一主线,坚持整体性原则,从现有的课程体系出发,注重德育元素与各门课程的紧密性和牢固性,避免德育教育与课程教学"两张皮"的现象,切实增强德育元素挖掘的深度。一般来说,在中小学课程中,特别是自然科学课程中容易出现德育元素与具体知识点结合不紧密、融合不深入的现象,不利于课程思政与中小学教育教学的相互促进和人才培养目标的实现。对此,要充分把握各个学科课程标准中蕴含的德育目标,探寻课程知识内容、技能培育环节与德育的结合点,通过优化教学设计和改进教学方法将德育元素融入教学过程,弘扬社会主义核心价值体系,培养德智体美劳全面发展的学生。

三是坚持价值取向原则,增强德育元素挖掘的准度。中小学教育教学要以价值观培养为基本教学目标,围绕中小学生价值观的形成、引领和塑造,坚持价值取向原则,科学回答"培养什么人、怎样培养人、为谁培养人"的时代问题,切实增强德育元素挖掘的准度。因此,德育元素的挖掘在精不在多,要本着实事求是的准则,注重学生的学习体验和内在认同,选取最重要的、最贴切的、最能服务课程目标的德育元素作为课堂呈现的对象,有效培育社会主义核心价值观,不断坚定学生的政治信仰。

二、课程思政理念下挖掘中小学教育中德育元素的多重维度

《中小学德育工作指南》中关于中小学德育工作的目标的表述非常丰富且清晰,包括政治素养、爱国情怀、理想信念、道德品质等内容。但这不意味着教师在开展课程时必须面面俱到,相反,教师必须立足学科,适度且恰当地进行德育元素的挖掘和选取。具体来说可以从以下四个维度挖掘中小学教育教学中的德育元素。

一是政治素养维度。这一维度的主要目的是教育学生理解、认同和拥护国家政治制度。为此,在教学过程中要从中小学生年龄特点、认知规律和教育规律出发,"切实加强课程思政,在学校思政体系建设中坚持知行合一,为基础教育的育人工作奠定良好的基础"[2]。教师在教学过程中要结合学科特点,巧妙地帮助学生科学、客观地认识和理解我国的国家政策、政治制度和政治道路等相关内容,为中小学生政治认知的形成奠定基础;教师要紧跟时事,善于利用现实生活中的事实性资源案例,向学生展现中国特色社会主义思想和中国特色社会主义道路的优势,激发学生的情感认同;教师要善于从多元文化冲突的角度入手,引导学生学会思考和分辨,培养学生坚定的政治意志并践行在日常学习生活中。

二是家国情怀维度。这一维度的主要目的是培养学生爱党爱国爱人民,增强国家意识和社会责任意识。家国情怀是对祖国、对人民深深的热爱,是一种责任感与使命感,熔铸在每一个中国人的血液中。教师在授课过程中要注重挖掘课程中蕴含的家国情怀元素,如祖国的自然和人文风光、各民族的风俗习惯、革命先烈的英雄故事、中国的科技发展等,激发学生爱家爱国的热情,增强学生自我身份的认同感和强烈的国家自豪感,激发担当精神,真正将个人梦融入民族复兴的中国梦中,坚定学生报效祖国的情感。

三是哲学思维维度。这一维度的主要目的是增强学生的"四个自信",形成积极健康的人格和良好心理品质。当前,社会各种文化思潮

涌起,意识形态领域斗争愈发严峻。教师在教学中要善于借助中华优秀传统文化,一方面让学生感受到中国传统文化的魅力,另一方面引导学生学会辩证思考,学会用发展的眼光看问题,培养学生思辨能力。

四是科学精神维度。这一维度的主要目的是促进学生核心素养提升和全面发展。教师要在教学时从具体学科、具体问题出发,通过合作探究、问题引导、实践教学等方式引导学生逐层、自主地分析问题、提出疑问、反复思考,在具体教学中潜移默化地激发学生质疑求真、勇于探索的精神。

三、课程思政理念下发挥中小学教育德育功能的实践研究

对于中小学课程思政的建设而言,最重要的是做好通识课程的教学设计,通过进一步明确教学目标、丰富教学内容、改进教学方法、优化教学过程和完善教学评价等,充分发挥各学科的德育功能。

从明确教学目标的层面来看,中小学课程思政的建设任务是培养学生良好思想品德、健全人格、人文情怀和科学精神,为中国特色社会主义事业培养合格建设者和可靠接班人。因此,教学目标的制定直接关系到整体教学效果。教师要深入研读课程标准,对课标中关于德育教育的内容进行标注和分析,从教材整体和教学整体出发,制定教学总目标和分目标。具体来说,可以将整门课程的教学目标制定作为一级目标,并将课程思政目标融入其中;把每一章节的教学目标作为二级目标,将每一章节的课程内容与具体的课程思政目标有机结合,实现知识传授与价值引领二者相统一;将每一节课的教学目标作为三级目标,将知识目标、能力目标、价值目标蕴含在具体的教学环节中,实现知识、能力与价值的有机统一。例如小学语文《司马光》一课,其知识目标就是学习生字词,注意词句间的停顿;能力目标就是让学生可以试着用自己的话讲一讲这个故事,锻炼学生的个人能力;价值目标就是让学生感受到人物的美好品质。从丰富教学内容的层面来看,中小学课程思政的建设任务是遵循学生成长规律和社会发展需要,利用故事或具体社会现象作为案例导入,使社会材料课程化、课程教学生活化,引导学生主

动思考。如在地理课上,教师可以根据具体课程内容,选取我国山川地貌的图片,让学生感受到我国的山川之美;又或者是借助电视剧、纪录片等视频资源激发学生对祖国的热爱与自豪感。在道德与法治课上,教师可以挖掘时事新闻中蕴含的德育教育素材,做到与时俱进。在物理课上,可以加入物理学家的生平小故事,在寓教于乐的同时培养学生的科学精神、质疑精神。从改进教学方法的层面来看,教学方法的选取,影响着学生课程参与学习的积极性。教师要在采取灌输法、讨论法等传统教学方法的同时,借助于现代信息技术尝试运用案例教学法、情境教学法等现代化的教学方法。如在生物课上,为了帮助学生理解蒸腾作用,可以借助情境教学法创设生活化、问题化的教学情境,包括多媒体图片展示、视频讲解和进行对照实验的植物,让学生从对照实验植物的区别入手,分析实验现象。在地理课上,教师可以采取实践教学法,让学生亲手做实验,亲身体会科学求真的精神;或者走进大自然,亲自感受大自然的神奇。从优化教学过程的层面来看,教师要精心设置教学环节,通过师生互动、提问抢答、小组研讨、课后辅导等环环相扣的教学环节,提高课堂活跃度、凝聚学生注意力、激发学生学习兴趣、培养学生自主学习的意识和能力。不仅如此,教师可以充分挖掘课前准备、课中教学以及课后反思部分的德育元素,不断促进课程思政建设。从完善教学评价的层面来看,可以从政治素养、家国情怀、哲学思维和科学精神四个维度制定课程德育元素评价量表,并将该量表用于单元评价、期中评价、期末评价以及学业评价。通过具体的德育元素挖掘情况的考核,作出有针对性的方案计划,可以更加全面地提升课程思政的建设效果。

四、课程思政理念下发挥中小学教育德育功能的保障机制

从中小学课程思政建设来看,要推动学科课程和思想政治教育的协同发展,同向同行,坚持把立德树人作为中心环节,把思想政治工作贯穿教育教学全过程,真正实现全程育人、全员育人、全方位育人。[3]当前,随着大中小学思政课一体化共同体建设的推进,亟须加强中小学教

育中各学科的德育功能,真正落实课程思政理念。在这个过程中,课程思政保障机制的科学构建意义重大。可从以下三方面入手构建中小学教育德育功能发挥的保障机制,以期为中小学课程思政建设提供有效支撑。

首先,要形成共同参与的大教育格局。各学校要将课程思政理念纳入学校党委总体工作部署中,构建起党组织领导、校长负责、多方参与、全员育人的新时代大教育格局,持续推进课程思政与课程建设的深度结合,充分挖掘各学科德育功能。学校领导在中小学课程思政中起到领头羊的作用,把握中小学课程思政的总方向。因此,学校领导要积极学习课程思政的指导文件,领悟政策精神,合理配置并充分利用校内资源,制定出符合学校发展要求的课程思政德育计划;中小学课程思政理念任务落实在师生,效果影响看师生。各中小学领导要及时将党的声音和意志传递给师生,充分调动各个学科教师的积极性、主动性和创造性,真正打造一支善于讲述中国故事、善于求实创新、善于启智润心的教师团队,真正发挥中小学教育的德育功能。

其次,要压紧压实主体责任。近年来,国家高度重视思政课程建设的推进工作,强调大中小学思政课一体化建设事关思政课针对性、有效性的增强,事关党的创新理论的铸魂育人。因此,中小学在贯彻落实课程思政理念时要压紧压实德育教育工作主体责任,制定德育工作任务清单、层层分解、层层传导、层层压实,使中小学各学科的德育功能真正落实到位,使德育教育真正由"虚"变"实"。

最后,要健全组织管理制度。一是健全教师培训制度。各中小学要重视教师德育思维的培养,可以通过论坛讲座、网上学习、专题探讨等形式,帮助教师理解课程思政的重要作用,并从他人的教育实践中汲取经验教训,不断提升自身课堂教学效果。还可以借助思想政治理论专业培训班、党校培训班等方式,提升教师个人的思想政治素养。二是健全教师激励机制。各中小学在贯彻落实课程思政理念和政策时要同步做好教学效果的评价和监督工作,利用示范引领效应,激发教师挖掘德育元素、落实课程思政的积极性和主动性,鼓励教师积极进行教学创新,并对取得显著成果的教师进行表扬。三是健全财政支持制度。课程思政建设离不开学校财政的大力支持。各中小学领导和相关职能部门要统筹全校教育资金,合理分配各学科课程思政建设经费,鼓励教师积极申报课程思政课题研究,提升对课程思政的支持力度。

参考文献

[1] 张成尧.中小学课程思政建设:价值意蕴与实践路径[J].教育科学论坛,2022(29).
[2] 沈胜刚.中小学课程思政建设的困境与突围[J].教育科学论坛,2023(1).
[3] 李佳欣.中小学课程思政的实然困境及纾困之策探析[J].齐鲁师范学院学报,2022,37(4).

（王本运）

第三节　学校大思政课程的有效建构

一、学校大思政课的建构背景

在 2019 年学校思想政治理论课教师座谈会上,习近平总书记指出,思想政治理论课是落实立德树人根本任务的关键课程。总书记非常重视思想政治教育和思政课改革工作,多次对办好思政课提出明确要求。在全国高校思想政治工作会议上,总书记强调,要使各类课程与思想政治理论课同向而行,形成协同效应;在学校思想政治理论课教师座谈会上,总书记要求要统筹推进大中小学思政课一体化建设;在看望参加全国政协会议的医药卫生界教育界委员时,总书记作出重要指示:"大思政课"我们要善用之。在总书记关于思政课建设与改革的系列重要论述中,"大思政课"理念具有开创性意义,既提供了一种新的思政课程观,又提供了新时代思政教育改革的重要方法论。

2022 年 7 月,教育部等十部门联合印发《全面推进"大思政课"建设的工作方案》,进一步明确了中小学思政课关键地位进一步强化、建设水平全面提高、"大思政课"体系更加完善、评价机制基本健全的整体部署。特别提出,要坚持开门办思政课,强化问题意识、突出实践导向、建设"大课堂"、搭建"大平台"、建好"大师资"。推动思政小课堂与社会大课堂相结合,推动各类课程与思政课同向同行,教育引导学生坚定"四个自信",成为堪当民族复兴重任的时代新人。

因此,作为立德树人的生力军,学校需不断对接国家战略,推进区域思政课改革,更新观念、创新形式,立足区域实际,探索"大思政课"建设的方法和途径。不仅在课堂上讲好思政课,也在社会生活中讲好"大思政课",让学校的思政小课堂贯通社会的思政大课堂。

二、学校大思政课程的建构举措

（一）根据区域历史文化,确定大思政课程目标

上海是党的诞生地、初心始发地和伟大建党精神起源地。100 年来,党铸就了一系列伟大精神,构建起中国共产党人的精神谱系。这些伟大精神一脉相承、代代相传,跨越时空、历久弥新,是党和人民的宝贵精神财富,深深融入我们党、国家、民族、人民的血脉之中。我们要弘扬光荣传统,赓续红色血脉,永远把伟大建党精神继承下去、发扬光大。

作为一所上海九年一贯制学校,上海市宝山区南大实验学校确立学校大思政课程的教学主题是:学习建党精神。旨在让学生了解中国共产党创建的缘起、宗旨、主要代表人物和发展过程,感受革命先辈建立中国共产党的艰辛历程,学习他们追求真理、救国救民的崇高理想和坚定信念;整理提取出关键的史料信息,了解中共一大的召开历程和意义,建立建党代表人物与革命故事的联系,感悟前辈们在艰苦卓绝的环境下顽强斗争的革命精神;认识到中国共产党的历史是团结和带领中国人民不断向前发展的历史,从而将忠于党的种子植根于心,努力成为有理想、有信念、有担当的社会主义建设者和接班人。

（二）根据学生年段特点,设计大思政课程内容

为落实习近平总书记关于大中小思想政治教育一体化建设精神,

坚持立德树人根本任务,南大实验学校拟以中国共产党建党的历史为教育内容,设计党史学习活动课程。本课程旨在传承红色基因,弘扬建党精神,对青少年进行政治启蒙和价值观塑造,引导青少年"扣好人生第一粒扣子",树立正确的世界观、人生观、价值观。

聚焦党史学习的大思政课程的授课对象为初中年段学生,共设有 8 个课时。前 4 课时为主题教育活动课,以班级授课的方式开展,4 课时的主题依次为:甘甜如饴的真理之味、南陈北李的相约建党、从兴业路到南湖红船、一大代表的迥异人生。后 3 课时为研学实践课,组织学生前往位于上海兴业路 76 号中共一大会址开展现场教学。最后 1 课时是对学生学习课程后的评价,通过组织学生讲述建党故事、撰写人物传记总结课程学习的收获和感悟。课程的设计理论联系实际,引导学生知史爱党、知史爱国,在学、思、践、悟的过程中,坚定听党话、跟党走的政治情怀。

在研学课程中,把学校的小课堂延伸至社会的大课堂,带领学生开展校外学习和社会实践,联合场馆、学校和家庭协同开展爱国主义教育是德育的新思路和新模式。在课程中,将研学目的地设定为上海一大会址出于如下考量:首先,上海是中国共产党的诞生地,留下了丰富的红色资源;其次,中共一大会址是中国共产党梦想起航的地方,在中国革命历史上具有重要地位;同时,中共一大会址是上海最重要的红色地标,也是千千万万中国共产党人的精神家园。综上原因,带领初中学段的少年走出学校小课堂,走进社会大课堂、走进历史,带着问题开展学习、激发思考、鼓励表达,帮助他们在"学习—创作—展示"的实践过程中,完成"探究—转化—创新"的跨越和提升,是让红色基因和革命传统在青少年心里生根发芽的有效途径。

在评价总结中,让青少年讲述建党故事,鼓励孩子们在学习了解红色文化的过程中不满足于当一个听众和接受者,而是融入自己的思考和情感,从听故事的人变为讲故事的人,用自己的方式理解和讲述我们国家和民族的故事,在自主的学习实践中完成政治和历史的启蒙。

(三) 融合各学科育人元素,挖掘大思政课程价值

在大思政课程中,将历史、政治学科充分融合,以建党初期主要创

始人、中共一大的召开以及 13 位党代表为主线,依托党的诞生地深厚的红色文化底蕴,引导学生学好建党历史,重温建党伟业。

课程体现的育人价值为:(1)使青少年充分认识中国共产党、马克思主义和社会主义道路是人民的选择、是必然的选择;(2)让青少年了解我们的国家和民族从哪里来、往哪里去;(3)引导青少年叩问自我,作为社会主义的建设者和接班人,要担负怎样的历史使命,成为什么样的时代新人。本课程在引导学生接受层层深入的教育和不断地自我启示中发挥新时代爱国主义教育固本培元、凝心铸魂的作用。

三、学校大思政课程的建构内容

(一)课时的确立

1. 课时一:甘甜如饴的真理之味

课时目标　(1)树立共产主义信仰;(2)学习忘我无我的精神。

主题内容　学习陈望道翻译《共产党宣言》的前前后后,翻译前的重任在肩,当仁不让;翻译中误把墨汁当红糖的故事。

2. 课时二:南陈北李的相约建党

课时目标　(1)感悟具有先进思想的革命者追求真理的品质和救国救民的理想抱负;(2)学习两位伟人先天下之忧而忧,放弃北大优厚待遇而投身革命,致力于中国未来的精神追求;(3)探讨南陈北李相约建党的深远意义。

主题内容　学习陈独秀和李大钊的生平事迹,他们是中国共产党两位主要的创始人,分别在南方和北方创立了共产党早期的政治组织。

3. 课时三:从兴业路到南湖红船

课时目标　(1)了解中共一大从召开到闭幕的艰难历程。兴业路和嘉兴南湖是我们党的根脉。我们党从这里诞生,从这里出征,从这里走向全国执政;(2)学习开天辟地、敢为人先的首创精神,坚定理想和百折不挠的革命精神。

主题内容　1921 年 7 月 23 日,中国共产党第一次全国代表大会在上海秘密召开。30 日晚,因会场遭到法租界巡捕的搜查,被迫休会。

后转移到嘉兴南湖游船中举行,最终中共一大在南湖顺利闭幕。

4. 课时四:一大代表的迥异人生

课时目标 (1)领悟"成也信仰,败也信仰",是对一大代表迥异人生归宿的最好概括;(2)认识到坚守共产主义信仰,会收获红色硕果;丧失共产主义信仰,将吞下黑色苦果。

主题内容 了解参加中共一大的 13 位代表,他们有着相同的理想、同样的目标,却各自有迥异的人生结局。有的成为烈士,有的当了叛徒,还有的做了汉奸,只有两个人在 28 年后,最终站上了天安门城楼。

5. 课时五至课时七:走进一大历史,传承革命精神(研学实践)

课时目标 (1)知识目标:了解或掌握中国共产党诞生的历史条件、相关史料与主要领导人的主要事迹;了解中国共产党的成立及其历史意义,学习相关革命历史知识。(2)能力目标:通过多种途径了解中共一大选址的原因,培养学生归纳总结历史问题的能力;通过手工制作红船模型、组织知识竞答赛等,提高学生的动手实践、组织协调与合作探究能力。(3)情感目标:通过参观一大会址纪念馆,聆听讲解员讲解中国共产党的历史、动人的故事,观看历史实物,感受中国共产党的成长历程,让学生对艰辛而伟大的革命历史有进一步了解,对党的发展和红船精神产生更深刻的感悟。

主题内容 (1)参观中共一大纪念馆一楼序厅,了解会议出席人员、会议细节,感知当时秘密开会的紧张氛围;(2)参观二楼中国共产党创建历史文物陈列展厅,了解陈独秀写给李大钊的信,说明 1920 年陈独秀李大钊为什么将名字改为共产党;(3)了解一大到会的 13 位代表的人生,参观缅怀墙,观看视频《追梦》,缅怀先烈。

6. 课时八:评价总结,讲述红色故事

主题目标 (1)启发学生融入自己的思考和情感,完成课堂学习和研学实践的课后任务;(2)引导学生用自己的方式理解和讲述我们国家和民族的故事,在自主的学习实践中完成政治和历史的启蒙。

主题内容 了解革命建党故事,并用自己的语言讲述红色历史。

（二）授课安排

本课程的授课对象是初中年段学生。通过采用 4 课时课堂教学 + 3 课时研学实践 + 1 课时学习评价的方式来实施。两个年级的授课都安排在周一下午的班会课进行，所有的课时在 6 周之内完成教授与学习。

授课具体安排表

课　时	授课主题	授课地点	授　课　人
第一课时	甘甜如饴的真理之味	各班教室	班主任或学科教师
第二课时	南陈北李的相约建党	各班教室	班主任或学科教师
第三课时	从兴业路到南湖红船	各班教室	班主任或学科教师
第四课时	一大代表的迥异人生	各班教室	班主任或学科教师
第五至七课时	走进一大历史，传承革命精神	中共一大纪念馆	班主任或学科教师
第八课时	评价总结：讲述红色故事	各班教室	班主任或学科教师

（三）课程实施

课堂教学中，除了传统的课堂讲授之外，还设计形式丰富且多样的课堂活动，如小组讨论、情景剧表演、完成学习任务单、自由讨论等环节。将课程育人和活动育人有机结合，促进学生在学中思、思中悟、悟中行。

在研学实践中，主要通过让学生走出课堂，走进场馆，带着问题开展学习、激发思考、鼓励表达，帮助他们在"学习—创作—展示"的实践过程中，完成"探究—转化—创新"的跨越和提升。

在学习评价的建党故事讲演环节中，鼓励学生在学习了解红色文化的过程中不满足于当一个听众和接受者，而是融入自己的思考和情感，从听故事的人变为讲故事的人，用自己的方式理解和讲述我们国家和民族的故事,在自主的学习实践中完成政治和历史的启蒙。

(四)课程评价

在前 4 课时的课堂教学中,通过设计课程任务单对学生进行课程学习过程性评价。在随后 3 课时的研学旅行中,通过设计中共一大纪念馆研学任务单来对学生进行活动实践过程性评价。在最后 1 课时中,组织学生开展"话说中共一大"演讲活动,让青少年讲述建党故事,从而对学生进行课程学习成果评价。

四、学校大思政课程的建构保障

组织保障:本课程由学校党支部书记领衔,政教处联合初中部政史地教研组的部分老师共同参与整体设计和详案编写。

人员保障:课程编写团队由校德育骨干、历史教师和道德与法治老师组成。其中,区德育学科教学能手主要负责课程的整体设计,制定课程目标、课时安排及每课时的授课主题,同时撰写第 1 课时和研学课程的详案;历史老师主要负责核实课程中所涉及的历史事件的准确性,同时撰写第 2、第 3 课时的详案;德育主任主要负责查找收集课程编写材料,同时撰写第 4 课时的详案。

时间保障:本课程实施全过程需要 6 周,用学生每周一下午班会课进行教学。课堂教学的前 4 课时在 4 周内完成,每周安排 1 课时。研学实践的 3 课时利用第 5 周班会课所在的周一下午开展现场教学。最后的 1 课时评价总结安排在第 6 周班会课完成。

经费保障:本课程的研学实践部分所需费用由学校学生课外活动经费支出。

资源保障:在场馆资源和社会资源方面,本课程的研学实践教学点依托中国共产党第一次全国代表大会会址纪念馆,位于上海市黄浦区兴业路 76 号。

在家长资源方面,学校充分用好校级、年级和班级 3 支家长队伍,组织校级家委会成员参与课程方案和修订,邀请部分家长参与课程的

教授与微课的录制，发动家长志愿者队伍为研学实践活动提供安全
保障。

（周　艳）

第四节　中华优秀传统文化
课程的校本化实施

党的二十大报告中明确指出，"坚持和发展马克思主义，必须同中
华优秀传统文化相结合"。习近平总书记 2022 年 10 月 28 日在河南省
安阳市考察时也指出："中华优秀传统文化是我们党创新理论的'根'，
我们推进马克思主义中国化时代化的根本途径是'两个结合'。我们要
坚定文化自信，增强做中国人的自信心和自豪感。"习近平总书记的论
述深刻阐明了继承和弘扬中华优秀传统文化重要的时代价值和时代
意义。

一、中小学开展中华优秀传统文化教育的意义

中小学德育最主要目标就是促进受教育者道德水平的持续提升，
让中小学生道德认知可以逐步转变成为道德行为。[1]在促进中小学生
道德认知提高的过程中，中华优秀传统文化具有无可比拟的价值，她历
史悠久，源远流长，已经成为人们追求美好生活、涵养文化自信的重要
方式。对于处在世界观、人生观、价值观形成和发展关键时期的青少年
来说，做好中华优秀传统文化教育，是落实立德树人教育任务的重要举
措，是践行为党育人、为国育才的突出表现。

二、中华优秀传统文化教育的困境

开展中小学中华优秀传统文化教育，推进中华优秀传统文化进课

程教材,具有寻根、固本、筑基的重要战略意义。然而,反思现实,中小学校的中华优秀传统文化教育仍然存在片面、分割、碎片化等问题。这些问题的背后,存在中华优秀传统文化教育与学校育人体系未能有机融合的共性问题,尤其是与学校课程体系之间的融合不够,使得中华优秀传统文化教育与学校育人体系出现"两张皮"现象。由于整个架构不完整,学生对教育过程认同感不强,教师的教育行为主动性不够,致使教育效果难尽人意。

三、中华优秀传统文化课程校本化实施策略

（一）架构顶层设计,统筹推进

我国教育部下发的《完善中华优秀传统文化教育指导纲要》指出,加强中华优秀传统文化教育,要坚持与培育和践行社会主义核心价值观相结合,坚持与时代精神教育和革命传统教育相结合,坚持与学习借鉴国外优秀文化成果相结合,坚持课堂教育与实践教育相结合,坚持学校教育、家庭教育、社会教育相结合,坚持针对性与系统性相结合。可见,在中华优秀传统文化教育的过程中,要切记避免"碎片化""两张皮",校本化实施需要和学校各项中心工作有机整合。为此,学校需要做好顶层设计,构建相对完善的课程体系,理清中华优秀传统文化教育与学校办学思想、育人目标、德育目标之间的关系,理清学校已有的中华优秀传统文化教育基础和未来发展方向,理清学校中华优秀传统文化教育已有的资源和可待开发的资源,确定学校实施教育的基本策略和路径,使中华优秀传统文化教育能充分发挥铸魂育人功能。

（二）强化队伍建设,专业引领

教师是课堂教学的实施者、教育行为的践行者,拥有一支师德修养高、人文素养深、专业能力强的教师队伍,才能有效推进课程实施。学校首先要从厚实教师人文底蕴着手,通过开展针对性、适切性的培训,用优秀传统文化滋养教师温恭谦良、执事有恪的品格,让老师们在手握尺度的同时更能以情育人、以心感人。学校可以为老师们开设一些传

统文化经典读本的讲座,助力老师们感悟中华传统文化的魅力,可以组织老师们观摩国风类的艺术作品来丰厚老师们的文化滋养,抑或是组织老师们参与茶道、盘扣等实践类课程来体验手作劳动中的文化内涵。其次要提升教师开发课程的能力,构造从"第三方"到"自培养"的造血机制,让老师们经历从专家指导到自我实践的过程,使之不仅能成为优秀的学科教师,还能发挥特长,开设传统文化色彩浓厚的校本课程,拓宽教育渠道。最后学校要建立相对完善的评价机制,将传统文化教育的过程和结果作为教师评价内容的一个组成部分,以评促建,引领教师明晰发展方向,最终能成为"师德高尚、师能高超、传统文化素养高显"的教师。

(三)确立实施路径,多维运行

1.融入学科课程教育

2021 年 1 月,教育部印发了《中华优秀传统文化进中小学课程教材指南》(以下简称《指南》),围绕中华优秀传统文化进中小学课程教材"进什么、进多少、如何进"的问题强化顶层设计,明确了将中华优秀传统文化教育全面融入各学科课程教材,结合学科特点整体设计的要求。

如何有效落实《指南》要求,落实"让中华民族文化基因在广大青少年心中生根发芽"的切实举措?学校需根据校情、根据学科发展特点,分类、分步骤实施。首先是确定融合策略。中学课程门类众多,不同学科与传统文化内容融合的环节和方式也会呈现出各自特点。《指南》提出,在落实传统文化教育时,以语文、历史、道德与法治(思想政治)三科为主,艺术(音乐、美术等)、体育与健康学科有重点地纳入,其他学科有机渗透。学校可以此为准则,制定不同的融入策略。如语文、历史、思政等核心学科,采取展现、演示、强化等策略,让传统文化元素"活"起来,在与教材的结合中彰显生命力,从激活课堂活力到打造活力课堂。艺术、体育与健康等重要学科,可以精心设计教学情境,在传授知识的同时大力弘扬中华优秀传统文化,帮助学生提炼传统文化的人文精神,提升人文素养,增强民族自豪感。数学、英语、信息等其他学科,采取挖掘、联想、赋予等策略,运用情境把传统文化的意味"显"出来。

其次是搭建教学支架。各学科需聚全体之力,按照既定策略,潜心研究教材,确定融入内容、融入方式,编撰并不断完善教学手册,使其成为教师课堂实施的有力支撑。

最后是作业的设计开发。它是实现教育目标的重要环节,学校可以学科组为单位,开发融合中华优秀传统文化的探究性、实践性、综合性作业。在设计思路上,文史哲作业结合教材内容常态化落实,以多种形式提升学生对传统文化的思辨性学习和领悟。艺术体育学科创新作业形式,把传统文化的精神和意识在作业中持续体现。其他学科或以传统文化资源为背景或载体开展作业设计。在呈现形式上,有纸笔作业、文化展演、辩论、课题研究等。

2. 开发德育校本课程

德育校本课程是实施中华优秀传统文化教育的有效载体,德育活动的课程化可使教育更加系列化、整体化以及具有传承性。在德育校本课程的开发中,可以和节庆赛事、行规礼仪、校园文化节等相结合。

学校每年的升旗仪式、校班会课都会有和节气节令相结合的点,可以此为切入点,结合"中华优秀传统文化"将节气节令类的活动课程化,形式亦可丰富多彩。例如主题仪式设计,在清明设计"不忘英魂祈天清,桐花疏雨见景明",在小满设计"子规初啼雨如烟,江河渐盈小满天"等,让学生从二十四节气这一凝结着博大精深中华文化的宝库中汲取力量,增强文化自信、民族自信,弘扬传承中华优秀传统文化。

行为规范教育是学校德育工作的重要内容,学校可以在构建"中华优秀传统文化教育"的目标下思考行为规范教育,将刚性的制度与柔性的文化有机结合,形成行为规范校本课程。如针对"自尊自爱、注重仪表"的行为规范要求,学校可以将文字具象化,通过引入各种具体可感的主题活动,如开设无校服日活动等来引导学生。为了提升学生明德守纪意识,学校可以开展家风家训征集活动,让学生践行敬天爱人的行规教育目标。

校园五大节是学生最喜欢的校园活动,也是最容易将传统文化蕴含其中的平台,只要精心设计,将五大节活动走向课程化,传统文化教育将润物细无声地滋养学生心灵。如读书节设计诸子百家的现场对话,体育节展示糅合了武术、民族舞的班级展示,科技节根据《天工开物》知识设计物理实验等,用传统文化符号系统重新构建校园文化生活,人人、处处、时时都能在校园里感受到中华优秀传统文化的魅力。

3. 创设文化育人环境

文化具有浸润式育人功能,为使中华优秀传统文化教育无处不在,学校需在环境方面思良法、谋对策,极力营造富有优秀传统文化特色的校园环境。门厅的设计、校史墙的选材、空旷处的物品摆放都需要精心设计。墙壁空白处写一段先贤的哲理之语,既有文化意蕴又有育人功效。走廊书架里放一幅非遗作品,既有美的享受又有文化传达。除了外部空间,每一间教室、每一个场馆都是文化宣传阵地,黑板报、教室内部布置、场馆空间重构都可以将传统文化元素融入其中。

案例 上海市中国中学行规校本课程设计:24³礼法相济　树学子行规

(一)课程设计理念

上海市中国中学积极探索优秀传统文化资源与校史资源中行为规范教育的结合点,以"新六艺"校本课程中"明德惟馨"板块的礼育课程为基础,以学生成长与生活的时间线为依托,创新开展校本化行为规范教育,逐渐形成融汇学校办学特色的"24³礼法相济"行为规范教育品牌特色课程。

所谓"24",即以学生"一日24小时"与"一年24节气"两条时间线,设置行为规范教育的系统性、阶段性、主题性设计;所谓"3",即通过"初识践行""通识思辨""辨识创生"三阶段(初中四年、高中三年)递进不同能力发展目标的达成。从而让学校的行为规范教育既有"接地气、入日常"的教育载体与途径,又有"鉴古及今,行故思新"的教育内化与发展。

(二)课程开发实施

1. 课程目标

学校以"践行—思辨—创生"为行为规范教育基本路径,设计"24³礼法相济"中国中学学子行规习修课程。课程主要目标:通过"节气节日"这一媒介,帮助学生掌握传统文化的基础知识,思辨传统文化在当今时代的传承与革新;引导学生践行中华优秀传统文化中的行为准则与道德规范;通过课程活动,培育积极健康的价值观与坚定的文化自信。

2. 课程内容

课程内容从学生的道德、认知、行为、态度等维度,构建了涵盖明德惟馨、真美育人、知行合一、行健自强、文以载道、格物致知等六个方面的内容框架。每个维度的内容,按照学生的年龄特征,进行分层次、进阶式设计。

3. 实施策略

(1)传统浸润中融入行规理念

学校根据行规教育内容体系,与学校学生团队共同梳理了一份融合学校历史传承、校园文化、日常活动的《中学生须知》,明确学生在校每日的相关行为准则和道德规范;同时,在课程相关的教育环境布置中,将场馆规定与传统文化中的为人处世准则有机融合。因此,每一位学生在刚入校的时候,就会收到一份古色古香的入学指南,在感受学校厚重的历史文化的同时,第一时间明确日常的行为规范要求。

学校既在空间上进行传统文化与行规教育的"双浸润",又以24节气文化规划了年度课程内容序列,让行为规范教育伴随学生成长生活"自然发生"。中国人自古敬天爱人,以24节气规划了一年中人与自然相适应的行为准则。随着历史文化的沉淀,24节气中的民俗习惯已经融合了为人处世、生活生存的"礼"与"法"。空间与时间上的精心设计,让生活深度融合行规教育,让行规教育在生活中"生活"。

(2)节气活动中落实行规要求

学校结合行规教育,联系节气文化与节日专题,开展了丰富多彩的节气活动。开展画节气、写节气、赏节气等多种方式深入行规教育,并结合节气节日文化中大量的家庭教育、社会参与的教育契合点,广泛拓展节气节日活动中的行为规范教育外延;结合不同阶段学生能力水平和需求导向的差异,制定分学段不同的活动序列,深入挖掘了节气节日活动中的行为规范教育内涵。

附:"24³礼法相济"课程主题—目标—活动序列

主题模块	相关节气	主要侧重行规目标	经典活动举例
春雨树家风: 春节系列主题教育	大寒 立春 雨水	敬天爱人 守心守行	"不一样的年味"为家备年货 "家风家训征集活动"亲子话家风 "小手牵大手"共度文明过大年
清明祭英烈: 清明系列主题教育	惊蛰 春分 清明	敢当敢为 敬天爱人	"清明"祭英烈活动 "插柳祭古"圣贤慎行诗赛 "树木成林"环保主题科技节等
谷雨育少志: 五四系列主题教育	谷雨 立夏 小满	敢当敢为 乐学善学	"谷雨话少年"五四集会 "少年共治"学代会、团代会等少年评议学校行规管理制度
夏至梦远航: 毕业系列主题教育	芒种 夏至 小暑	乐学善学 守心守行	持志远航诚信教育与离校仪式 "传宪法,明法度"毕业成人仪式
双暑炼赤魂: 建党建军主题教育	大暑 立秋 处暑	敢当敢为 守心守行	"践峥嵘,明纪律"国防军政训练 "品文化,明规责"新生入学教育
白露敖金秋: 尊师重道主题教育	白露 秋分 寒露	敬天爱人 乐学善学	"行师礼,感师恩"教师节活动 "明学法,善学术"学术文化节
明月照秋实: 中秋国庆主题教育	霜降 立冬 小雪	守心守行 敬天爱人	"品中秋,话家国"中秋国庆家国主题活动,"效法天地"农耕文化研学活动,"天行健,当自强"体育文化节,易筋经广播操大赛等
瑞雪兆冬至: 冬至元旦主题教育	大雪 冬至 小寒	乐学善学 守心守行	"珍爱生命、远离危害"生命教育系列教育活动 艺术节:"赏美为美,合律之美"文化系列活动等

（3）守正创新中提升行规意识

在"传统文化"和"古代圣贤"行为习惯与道德规范引入的序列行规

习修课程学习后,结合上述校园活动引发学生广泛思考与讨论,引导学生思辨古今文化传承上的异同。通过少代会、学代会、团代会、学生会学生权益部的提案沟通、民主协商过程,邀请学生共同参与学校行为规范制度建设、管理实施过程和评比评价标准的修订与迭代。学校通过"践行—思辨—创生"的课程闭环实施,最终创生出可持续发展、生态进化、认同度高的校园行为规范标准,让课程成为学校与学生之间"教学相长"的重要平台。

参考文献

[1] 高建亭.中华优秀传统文化融入中小学德育的思路探究[C].重庆:重庆市创新教育学会,2023.

（王　洁）

第五章
群团组织育人机制健全推进

第一节　工会育人功能发挥

"育"这个字,从字源字义上看,左边为"母"及头上的装饰,右边为头朝下的"子",就像妇女生孩子,在《说文》中意为"养子使作善也"。从"育"字的最初字义解释来看,即教育、培养。"育人"从字面上可以理解为对受教育者进行德育、智育、体育、美育等多方面的教育、培养。习近平总书记在第 36 个教师节到来之际提出,要"不忘立德树人初心,牢记为党育人、为国育才使命,为培养德智体美劳全面发展的社会主义建设者和接班人作出新的更大贡献"。在党的二十大报告中再次重申,要"坚持为党育人、为国育才"和"办好人民满意的教育",并明确要求"落实立德树人根本任务,培养德智体美劳全面发展的社会主义建设者和接班人"。

一、发挥工会育人功能的背景

党的二十大报告中明确指出,"高质量发展是全面建设社会主义现代化国家的首要任务""没有坚实的物质技术基础,就不可能全面建成社会主义现代化强国"。实现高质量发展是中国式现代化的本质要求之一,全面建成社会主义现代化强国必须深入实施科教兴国战略、人才强国战略、创新驱动发展战略,强化现代化建设人才支撑。习近平总书记在参加党的二十大广西代表团讨论时明确指出,我们的现代化既是最难的,也是最伟大的。我国工人阶级从来都有走在前列、勇挑重担的光荣传统,我国工人运动从来都同党的中心任务紧密联系在一起,实现高质量发展,必须充分发挥工人阶级主力军作用。从这个角度看,紧紧依靠工人阶级是必不可少的,工人阶级代表先进生产力。

《中国工会章程》明确指出,"中国工会是中国共产党领导的职工自愿结合的工人阶级群众组织,是党联系职工群众的桥梁和纽带"。党的二十大报告也明确指出,"深化工会、共青团、妇联等群团组织改革和建设,有效发挥桥梁纽带作用"。学校工会作为学校党组织领导下的教职工群众组织,是联系学校党政和广大师生员工的重要桥梁纽带,在育人工作中具有重要作用和独特优势,如何立足工会职能定位,更好地发挥工会育人功能,最终促进学生全面发展,是新时代对学校工会组织和工会工作提出的新任务、新要求。

二、发挥工会育人功能的意义

1950 年 8 月,中国教育工会第一次全国代表大会提出"教书育人、管理育人、服务育人"的口号,国家层面首次认可了"管理"和"服务"同"育人"的紧密关联,育人工作成为学校内所有教职工齐抓共管的一项整体性工作,学校工会就与"育人"有了"不解之缘"。新时代、新形势下的育人工作对学校提出了新的要求,工会作为助力学校全面完成育人工作中的一环,要充分发挥自身的联系广泛优势、组织管理优势、教育引导优势与宣传动员优势,通过采取相应的实践措施,发挥自己独特的地位与作用,为学校育人工作的全面开展助力。

一是具有联系广泛优势。2018 年 10 月,习近平总书记同中华全国总工会新一届领导班子成员集体谈话时指出,"群众性是群团组织的根本特点"。学校工会是学校党政与广大教职工联系的重要桥梁和纽带,代表和维护广大教职工的权益,是教职工思想政治工作的教育者和引导者。学校教职工都是学校工会会员,覆盖所有教职工,因此,学校工会具有联系广泛的独特优势和工作魅力,能够保证学校工会育人作用的发挥。

二是具有组织管理优势。学校工会组织覆盖全校各个部门、各个群体,能够广泛联系师生,及时收集教职工意见建议,并通过教代会凝聚共识,促进学校改革发展。从学校工会、工会委员再到工会小组长,基本能够做到工会组织全覆盖广大教职工,能够辐射和影响到不同层次、不同群体、不同部门的教职工,而且能帮助协调与党政部门、各职能部门、教职工等多方面、多层次的关系。在育人工作执行过程中,一旦发现哪个环节出现纰漏,工会及时进行反馈,帮助学校党政短时间内迅速调整政策,为育人工作的全面实施提供制度保障。

三是具有教育引导优势。"百年大计,教育为本;教育大计,教师为本。"这就直接决定了当前新时代学校工会组织必须要充分发挥学校教职工的育人的积极性、主动性和创造性,践行立德树人初心,在立德树人的实践中牢记为国育人、为党育才的使命,充分利用和发挥好学校工会组织教育引导的独特优势,引导教职工结合不同部门与职能优势,思考在育人过程中针对不同思想状况的学生可采取的有效措施,切实提高育人过程的有效性和针对性,不断提升教职工的育人本领和育人能力,为育人工作的开展打下坚实的思想基础。

四是具有宣传动员优势。习近平总书记指出,工会要适应新形势新任务,加强和改进职工思想政治工作,多做组织群众、宣传群众、教育群众、引导群众的工作,多做统一思想、凝聚人心、化解矛盾、增进感情、激发动力的工作,更好强信心、聚民心、暖人心,使广大职工在理想信念、价值理念、道德观念上紧紧团结在一起。学校工会工作要始终坚持正确政治方向,坚决做到"党有号召,工会有行动",通过自身的联系群众优势,以活动为载体,借助宣传阵地,形成线上和线下相结合的宣传模式,引导广大教职工时刻牢记"为党育人、为国育才"使命光荣、责任重大,切实增强教职工育人的大局观、坚定性和责任感。

三、发挥工会育人功能的实践

新时代学校工会必须围绕立德树人根本任务,加强对教职工的政治引领、思想教育、业务提升和竭诚服务,因事而化、因时而进、因势而新,引导全体教职工做学生锤炼品格的引路人、做学生学习知识的引路人、做学生创新思维的引路人、做学生奉献祖国的引路人。

(一)坚持开展调研分析,了解育人现状

调查研究是我们党的传家宝,是做好各项工作的基本功。我们党历来重视调查研究,习近平总书记指出,"调查研究是谋事之基、成事之

道",不仅多次阐明调查研究的重要性,还发出了大兴调查研究之风的号召。

学校工会要充分发挥联系广泛的优势,通过调研问卷、个别访谈、召开座谈会等方式开展调研,广泛听取教职工对学校育人工作的意见和建议。在调研过程中,注重理论与实践相结合,注重行动、重视实证、关注实效[1],更好地促进学用贯通、知行统一,极大地发挥出理论来自实践又运用于实践的作用。再以工会小组为单位开展广泛讨论,认真梳理学校育人工作开展的现状,针对学校育人工作中存在的问题,探索工会组织发挥育人功能的实施路径,从而达到群策群力、凝聚共识的目的。

通过观察、访谈、问卷等多种调研方式,学校工会最大限度地获取第一手的情况和资料,认真查找育人工作中存在的突出问题,进行深刻的原因剖析,明确努力方向和改进措施,更好地服务学校立德树人根本任务。

(二) 加强师德师风建设,践行育人使命

"教师大计,立德为本。"党的十八大以来,习近平总书记在关于教育工作的系列重要讲话中,把师德师风建设作为提升新时代教师素质、办好人民满意教育的首要任务,提出了一系列师德师风建设的标准和要求,号召广大教师要以德立身、以德立学、以德施教、以德育德,做学生为学、为事、为人的示范,促进学生成长为全面发展的人。

1. 对标时代要求,加强制度建设

认真对标新时代关于师德师风建设的新形势、新要求,把提高教师思想政治素质和职业道德水平摆在首要位置。学校工会要充分发挥组织管理优势,通过建章立制,明确加强师德师风建设的根本要求和基本规范,划清红线、亮明底线,强化规范约束,坚持教育培训与考核评价相结合,做好警示教育和防范工作,抓早抓小,防微杜渐。

案例 1　明确规范　提高师德师风水平

为建设师德师风工作长效机制,上海市零陵中学工会通过教代会健全完善了《上海市零陵中学教师职业道德规范》《上海市零陵中学贯彻落实〈中小学教师职业道德规范〉实施细则》及考核办法,建立和运用学校、教师、家长和学生四位一体的师德考核评价机制,从工作目标、措施途径、激励与惩处、组织领导等方面强化规范,明确价值引领、师德为上、以人为本、改进创新的师德建设工作原则。还以工会小组为单位,认真梳理学校师德师风建设的现状,针对学校师德师风建设中存在的问题,集思广益,形成了《上海市零陵中学师德师风整改事项清单》。并结合《上海市零陵中学师德师风整改事项清单》,制定了《上海市零陵中学教师公约》。全体教职工签订了师德规范承诺书,作出了以"规范从教、廉洁从教"为主要内容的师德规范公开承诺。在此基础上,学校制定了《上海市零陵中学师资队伍建设三年规划》。

2. 创新方式方法,增强师德意识

坚持把师德师风建设作为师资队伍建设的首要任务,积极探索新形势下师德师风建设的特点和规律,在总体上坚持个人自学与集中学习相结合的原则,学校工会要根据学习内容及实际情况,在抓好集中学习的基础上,采取灵活多样化的方式,增强师德师风教育活动的吸引力和感染力。

(1)加强理论学习,为学示范。坚持学为知之先,知为行之始,学校工会要充分发挥教育引导优势,组织教职工学习《关于全面深化新时代教师队伍建设改革的意见》《新时代中小学(幼儿园)教师职业行为十项准则》《中小学(幼儿园)教师违反职业道德行为处理办法》,以及教育部、市教委关于建立健全中小学教师师德建设长效机制的有关要求。通过在全校范围深入开展师德师风学习、宣传、教育、研讨,全校上下统一思想认识,对新时代"四有"好老师、"四个引路人"的内涵和要求有更深刻的认识,广大教职工立德树人、教书育人的责任感和使命感进一步加强。

(2)学习师德榜样,为世示范。"学为人师,行为世范"是教师的道德准则,也是教育事业对教师的基本要求,学校工会要充分发挥宣传动员优势,通过聆听榜样故事,感受榜样力量,提高师德认知,深化师德情意,唤起师德自觉,弘扬崇高师德,铸就不朽师魂,营造良好育人环境。

案例 2 上海市零陵中学开展"向榜样学习"系列活动

上海市零陵中学工会开展"向榜样学习"系列活动,分两个层面来开展。一是全体教职工层面,组织全体教职工观看了电影《老师·好》,弘扬师德风范,进一步增强教职工的责任感、使命感、荣誉感;又观看了"时代楷模"吴蓉瑾、王红旭老师先进事迹的视频,以先进思想教育人,以先进事迹激励人,以榜样力量鼓舞人,使遵守职业规范、弘扬高尚师德成为全体教职工的自觉行动;还观看了《榜样》专题节目等,传承和发扬榜样们实干担当、敬业奉献的精神品质和高尚情操。二是青年教师层面,组织青年教师观看了"师者的楷模"于漪老师的录像。于漪老师的事迹感人至深,给青年教师极大的鼓舞和鞭策,激发他们热爱教育事业的自觉性,使他们更加明确新时代师德师风建设的具体要求。

(3)挖掘师德典型,为人示范。学校工会还要依托各类评选活动,及时发现和挖掘身边的先进师德典型,弘扬宣传优秀教职工先进事迹,发挥示范引领辐射作用,激发教职工们对职业理想的追求,大力营造见贤思齐的学校精神文化氛围。

案例 3 讲好师德故事 传递育人正能量——上海市零陵中学举行师德师风建设主题活动

上海市零陵中学工会开展以"牢记初心勤耕耘,立德树人担使命"为主题的师德师风建设主题教育,从年级组工作、教研组建设、退休教师风采、青年教师成长、教务处、总务处后勤服务等方面讲述了学校教职工师德师风感人故事和典型事迹;开展以"今天,我们怎样做教职工"为主题的年级组交流研讨活动;以工会小组为单位,推选出教职工代表参加学校演讲比赛。讲好师德故事,传递育人正能量,增强了师德师风教育活动的针对性和实效性。平时,还发挥工会组织宣传引导优势,注重强化宣传教育,通过校园网、宣传栏、微信公众号等宣传阵地,展示学校教职工"教书育人、为人师表"的精神风貌,传递师德正能量,营造争做"四有"好老师的氛围。

(三)树立职工服务理念,实现全员育人

学校教务处、总务处职工既是服务者,也是教育者,是一支不直接上讲台的育人队伍,他们的思想作风和工作态度对学生有着直接的影响,两处服务育人的价值也不能忽视。因此,学校工会要大力提升两处职工队伍素质、充分发挥两处管理服务功能,形成全校育人合力,打造学校软件、硬件设施的育人氛围。

1. 以专业发展为重点,提升职工育人意识

学校工会要充分发挥资源阵地优势,不断提高两处职工的思想素质和业务素质,树立"服务"的工作理念,增强岗位意识、责任意识、服务意识,为学校育人工作的有序开展提供优质后勤保障。还要积极为职工发展提供导向服务,广泛深入持久开展各种形式的技能竞赛,开展群众性创新活动,如技能素养知识竞赛、演讲比赛、读书活动等,引导职工努力学习新知识、掌握新技能、增长新本领,营造想干事、能干事、干成事的良好氛围。同时,帮助每位职工明确个人专业发展目标和业务提升措施,并结合自身实际,制定可预见、可操作、能达成的个人专业发展规划,并在规划中正确定位,增强主动、自觉发展的意识。

2. 以全员导师制为契机,提高职工育人能力

深入贯彻中共中央国务院《关于进一步减轻义务教育阶段学生作业负担和校外培训负担的意见》《关于全面深化新时代教师队伍建设改革的意见》《关于深化教育教学改革全面提高义务教育质量的意见》和国务院办公厅《关于新时代推进普通高中育人方式改革的指导意见》等文件精神,健全学生发展指导制度,推动教师人人成为学生成长发展的指导者和身心健康的促进者。学校工会要以此为契机,积极探索教职工人人是导师的制度体系,进一步发挥教职工队伍的基础作用,切实增强全体教职工的育人意识和育人能力,担负起培根铸魂育新人的责任使命。

案例 4 上海市零陵中学全面实施"全员导师制"

上海市零陵中学在"十四五"规划中,提出"为每位师生提供特长发展的沃土"作为学校的办学理念。"特长发展"是指在当前"全员导师制"的要求下,职工也要"一专多能",更好地为学生提供帮助,引导学生能成为最好的自己。2021学年起,学校在初中年段和高一年级全面实施"全员导师制",工会安排两处职工自学了《导师在线系列视频课》《导师工作指导手册》《导师家访手册》《导师家校沟通内容清单》《关于徐汇区全面推行中小学全员导师制工作的实施方案》和《上海市零陵中学全员导师制工作实施方案》等。同时,两处工会小组长担任了初三学生的导师。在这个全新领域中,两处工会小组长认真学习,探索方法,通过线上家访、学生谈心等形式,积极了解学生的学习、家庭和生活情况,并提出切实可行的建议。在疫情期间,加强与学生、家长、班主任的沟通联系,保持学生在线学习的良好状态。复学后,学生学习状态也持续良好。在此基础上,两处工会小组长与两处职工就导师制工作开展情况进行分享交流,辐射引领更多的职工参与到全员导师制工作中。

新时代呼唤工会组织履行新的使命,工会组织要充分发挥自身优势,探索新方法,开辟新思路,始终保持高站位,切实把工人阶级的智慧和力量凝聚到新时代新征程的育人工作上来。

参考文献

[1] 廉思.如何有效开展调查研究[M].北京:人民日报出版社,2019.

（崔 兢）

第二节　团组织、学生会育人功能发挥

2022年10月,党的二十大报告中明确提出要办好人民满意的教育。教育是国之大计、党之大计。培养什么人、怎样培养人、为谁培养人是教育的根本问题。育人的根本在于立德。全面贯彻党的教育方针，落实立德树人根本任务，培养德智体美劳全面发展的社会主义建设者和接班人。2022 年 5 月，习近平总书记在庆祝中国共产主义青年团成立 100 周年大会上指出，坚定不移跟党走，为党和人民奋斗，是共青团的初心使命。一百年来，在党的坚强领导下，共青团不忘初心、牢记使命，走在青年前列，组织引导一代又一代青年坚定信念、紧跟党走，为争取民族独立、人民解放和实现国家富强、人民幸福而贡献力量，谱写了中华民族伟大复兴进程中激昂的青春乐章。

2017 年教育部印发的《中小学德育工作指南》中指出，加强学校团组织对学生会组织的指导管理，发挥学生会作用。学校要完善党建带团建机制，加强共青团建设，在学校德育工作中发挥共青团的思想性、先进性、自主性、实践性优势。2022 年 1 月，中共中央办公厅印发了《关于建立中小学校党组织领导的校长负责制的意见（试行）》，要求发挥中小学校党组织领导作用，领导共青团等群团组织，强化党建带团建，加强学生会管理。同时要完善协调运行机制，发挥群团组织的作用。

在新时代、新体制下，群团组织尤其是面向青年学生的团组织、学生会更应担负起历史所赋予的使命，积极投身到中华民族伟大复兴的进程中。在青年学生"拔节孕穗"成长的关键时刻，团组织、学生会要充分发挥组织育人功能，抓住育人契机，创新育人机制，提高育人效果。学校的团组织和学校的学生会是目标完全一致、建制相对独立、功能各有侧重、工作整体联动的两个组织。共青团组织在学校各类学生组织中切实发挥着核心作用，指导学生会工作。

一、加强思想引领，融入教育大局

政治性是群团组织的灵魂，是第一位的。群团组织要始终把自己置于党的领导之下，在思想上政治上行动上始终同党中央保持高度一致，自觉维护党中央权威，坚决贯彻党的意志和主张，严守政治纪律和政治规矩,经得住各种风浪考验,承担起引导群众听党话、跟党走的政治任务,把自己联系的群众最广泛最紧密地团结在党的周围。2016年共青团中央、教育部印发的《中学共青团改革实施方案》中提到建立健全党领导下的"一心双环"中学团学组织格局,即以团组织为核心和枢纽,以学生会为学生"自我服务、自我管理、自我教育、自我监督"主体组织,以学生社团及相关学生组织为外围手臂延伸。确立共青团在各类学生组织中的核心地位和作用,更要进一步加强团教协作,主动融入教育大局,加强理想信念教育。

(一)主题教育强信念

共青团工作不能忘记其基础性、战略性、源头性的地位,加强思想引领工作。开展主题活动既是我党的优良传统,更是共青团"强信念、跟党走"的具体实践。要精心谋划、科学组织,活动设计过程中要强化理论向实践的转化,及时总结反馈,取得实质成效。

"党旗所指就是团旗所向",主题教育要集中组织重要讲话精神学习、理论宣讲,利用"学习强国"平台资源,依托"青年大学习"引导团员青年深刻认识和领悟习近平新时代中国特色社会主义思想的意义,感受马克思主义中国化新的飞跃,进一步感受中国式现代化道路的新图景。基层学校团组织要广泛组织开展"青年大学习",同时鼓励学生会组织青年学生参加"青年大学习",推动习近平新时代中国特色社会主义思想入脑入心。

开展"建团百年"系列活动,组织学习习近平总书记在庆祝中国共产主义青年团成立100周年大会上的重要讲话精神,策划"线上清明祭扫""百年团史青年说""重温入团誓词"等活动,强化价值引领,服务同学们的思想成长需求。2022年,共青团上海市委员会围绕迎接和学习宣传贯彻党的二十大精神,在全团部署开展"喜迎二十大、永远跟党走、奋进新征程"主题教育实践活动,通过学习系列讲话精神、开展专题组织生活会等方式,团结引领广大青少年坚定跟党走、建功新时代。引导团员青年学生树立共产主义远大理想和中国特色社会主义共同理想,筑牢为实现"两个一百年"奋斗目标和中华民族伟大复兴的中国梦而奋斗的思想基础。

（二）青马工程传薪火

在主题教育活动的基础上，共青团组织也要对学生进行有效的政治启蒙，发挥其源头优势。学生时代是三观形成的重要时期，也是青年学生政治观形成的关键阶段。作为共青团为党育人的重要品牌，"青马工程"在青年中培养造就了一大批用马克思主义中国化最新成果武装的马克思主义者。2019年，上海团市委联合市教卫工作党委出台《关于加强高中高校学生推优一体化工作的实施意见》，为青马工程的落实落地提供了政策保障。2023年，共青团中央办公厅印发《青年马克思主义者培养工程管理办法（试行）》，进一步提升青年马克思主义者培养工程制度化、规范化水平。

教育是国之大计、党之大计。党中央高度重视培养社会主义建设者和接班人，坚持把立德树人作为教育的根本任务，不断开创我国教育事业发展新局面。共青团必须把培养中国特色社会主义事业建设者和接班人作为根本任务。青马工程三级培养体系的建立，为落实共青团根本任务提供了强有力的保障，也为高质量发展、建设教育强国提供了人才后备。

依托党章学习小组、团校等，通过高水平的讲座、报告等使学员进一步掌握马克思主义基本原理，领会百年党史的精神内涵，弄清中国和世界发展的潮流。通过提供参考书目，组建学习团队，举办学习交流会、研讨会、学生干部论坛等，为学员搭建交流平台，引导他们自我教育，帮助他们相互学习，共同提高。鼓励学员自主阅读各类经典书籍，每学年至少精读一本"马列主义"经典著作、两本人文素养类著作并上交三篇读书心得。学员以小组为单位，每学年至少开展一次组内读书报告会。做好党校毕业学员的推优工作。通过实施"班级—校级—区级"三级培养和鉴定推优、记录评价工作，引导青年学生确立组织观念，初步端正入党动机，树立听党话、跟党走的人生追求。

（三）红色基因育新人

"学史明理、学史增信、学史崇德、学史力行。"开展中国共产党党史、新中国史、改革开放史和社会主义发展史学习教育,引导和帮助青年学生增进对中国共产党的政治认同、思想认同、情感认同,坚定不移听党话、跟党走。同时,也要在团员青年中开展团史团情教育,引导学生了解共青团的革命历史和发展历程,增进学生对共青团组织先进性的了解和认同,培养学生对共青团的向往和身为共青团员的归属感、光荣感、使命感、责任感。

习近平在全国教育大会上强调坚持中国特色社会主义教育发展道路,培养德智体美劳全面发展的社会主义建设者和接班人。除了开展四史教育、团史团情教育和世情国情教育之外,更要积极挖掘校史资源,讲好校史故事,让青年学生切实感受到教育发展的变迁,引导他们正确认识世界、中国、地区、学校的发展趋势,正确认识教育的时代责任和历史使命,进一步认清自己血液中的红色基因。

习近平总书记多次强调:"历史是最好的教科书,也是最好的清醒剂。"上海市南洋模范中学将党史学习教育重点放在红色基因的传承上,融入立德树人的根本任务中。南模中学致力于延续历史文脉、传承红色基因、培育南模精神,开展"青春献礼二十大,百廿又一新征程"团日活动,就百年名校的发展变迁,让师生们追寻、了解在校园中成长起来的知名校友历史足迹,真正学懂弄通"爱国荣校"的本色、"模范"的底色、"青锋"的亮色。南模中学成立青锋校史宣讲团,团委通过组织志愿服务,让学生讲解百年校史,每年校友返校日的校史讲解成为保留项目。在与老校友的交流中,学生更真切地感受到南模历史的基因强大。南模中学组织学生编排校友王选短剧,在挖掘王选生平故事的过程中,学生不断理解王选身上烙下的"爱国荣校"印记,为一代学人典范所深深折服。

二、丰富实践形式,遵循教育规律

共青团作为党的助手和后备军,是党的青年工作的重要承担者。"党有号召,团有行动"一直是其引以为豪的光荣传统。中学共青团更是我国基础教育事业的重要组成部分。《团章》中指明中国共产主义青年团是广大青年在实践中学习中国特色社会主义和共产主义的学校。习近平总书记说,在中国青年运动的光辉历程中,共青团发扬"党有号召、团有行动"的优良传统,在革命、建设、改革各个历史时期作出了积极贡献、发挥了重要作用。共青团组织和学生会更要不断丰富实践形式,积极为党争取青年人心,汇聚青春力量。

(一)实践锻炼增才干

《中小学德育工作指南》中指出,学校要完善党建带团建机制,加强共青团、少先队建设,在学校德育工作中发挥共青团、少先队的思想性、先进性、自主性、实践性优势。共青团组织要坚持在火热实践中培育新时代好青年,发挥好共青团实践育人的功能。同时学校团组织结合学段特点,研究教育规律,抓住学生成长特征,组织设计好社会实践活动,丰富实践形式。

社会实践主要由军训、学农、参观、社会调查、职业体验、德育基地活动和科技文化活动等组成,包括校内实践和校外实践。通过社会实践,可以使学生关心社会和科技进步,关心地球和生存环境;养成劳动观念,形成一定的劳动技能;使学生形成综合思考问题的能力,获得解决问题的经验;培养学生探究社会问题的基本能力、人际交往能力、协作能力、组织能力、独立思考和操作能力,以及适应环境的能力,在实践中培养学生的创新精神;深化学生的社会规则体验、国家认同、文化自信,初步体悟个人成长与社会进步、国家发展和人类命运共同体的关系。

习近平总书记强调:"所有知识要转化为能力,都必须躬身实践。要坚持知行合一,注重在实践中学真知、悟真谛,加强磨炼、增长本领。"上海市南洋模范中学以上海城市发展为主要考察内容,组织学生进行社会调研。通过提供参考选题、配备指导教师等,帮助学生独立或组队完成一项调查研究课题,要求每个学生活动结束后完成至少一篇调查研究报告。通过调查研究,学生感受城市发展的蓬勃生机,也更深入地理解马克思主义中国化的最新成果、感受改革开放成果、学习体验四史精神和海派文化。

（二）志愿服务现价值

《中学共青团改革和建设工作指引》明确年度 20 小时志愿服务时长作为入团必备条件。2016 年，上海市教委、市文明办、团市委三部门共同出台《关于加强上海市普通高中学生志愿服务（公益劳动）管理工作的实施意见》，再次强调学校志愿服务（公益劳动）不少于 60 学时，这是高考综合改革方案实施的重要组成部分。2020 年，中共上海市委、上海市人民政府《关于全面加强新时代大中小学劳动教育的实施意见》明确要求开展多样化社会劳动实践，学校要统筹利用各方资源，组织学生深入城乡社区、福利院和公共场所等开展公益劳动和志愿服务。

共青团组织要引导青年学生在实践中感悟"奉献、友爱、互助、进步"的志愿精神，始终坚持把志愿服务和育人有机结合起来，形成具有新时代特征、新青年特点的青年志愿者行动。志愿服务活动是学生主动参与社会生活、理解社会的重要途径，使学生关心社区建设，主动参与社区的公益活动，形成诚恳助人、乐于奉献的积极态度和情感；培养学生的公民意识、参与意识和社会责任意识；使学生学会现代社会人际交往的本领，提高沟通与合作的能力，增强团结协作的意识；培养学生学以致用、服务社会的意识，并在社区服务过程中学习新知识，获得丰富的情感体验；使学生进一步了解社区生活和社会环境，增长从事社会活动所需的知识，增强适应现代社会活动的能力。

习近平总书记强调："要在全社会广泛弘扬奉献、友爱、互助、进步的志愿精神，更好发挥志愿服务的积极作用，促进社会文明进步。"上海市南洋模范中学在企事业单位、文化场馆、社区街道建立一批志愿服务基地，组织和引导学员积极参加各种志愿服务公益活动，利用爱心暑托班、街道图书馆以及校园开放日、校内大型活动等志愿服务活动平台，培养他们的社会责任感，每个学员每人每年应参加不少于 50 小时的志愿服务。办好志愿服务分享会，增强学员回报社会、服务大众的意识。引导学生向社会学习、向群众学习，增加社会阅历，了解社情民意，提高综合素质。

（三）成长成才共服务

2017 年 4 月，中共中央、国务院制定出台新中国历史上第一个国家级青年领域专项规划——《中长期青年发展规划(2016—2025年)》,为新时代中国青年发展提供根本政策指引。团中央针对青年发展现实需求,通过实施《规划》,努力取得标志性政策成果,提高青年生活品质,促进青年高质量发展,有效回应青年发展诉求。因此,共青团要因时而动,注重调研青年的发展诉求,竭诚服务青年成长,牢记"为党育人"的根本任务。

2017年,共青团中央、教育部、全国学联关于印发《学联学生会组织改革方案》的通知中提到,中等学校层面,要普遍设置学生会,由校团委归口指导,促进学生会、学生社团等学生组织更好地融合,共同服务学生成长成才。党领导下的"一心双环"团学组织格局下,团组织与学生会在学生成长成才的道路上形成合力,相向而行。

2021年,上海市出台《关于本市新时代推进普通高中育人方式改革的实施意见》,要求完善学生发展指导机制。每所普通高中学校都要建立学生发展指导制度体系,通过职业体验等方式,对学生进行全面系统的指导。上海市南洋模范中学团委在党委的领导下开展"与人生对话——职业体验"活动。南模团委积极联络各兄弟团组织,与金融、科技、医疗、教育、电力等行业近30家单位团组织合作开展活动。让优秀青年影响学生择业观、人生观,熟悉单位工作环境,感受企事业文化;走上实习岗位,体验行业特征……南模团员学生更多地考虑将个人命运与国家发展牢牢结合在一起,通过体验不同的职业形态,不断认识自己的潜能、志趣及性格倾向,不断明确自我发展所需的能力与努力方向。积极引导学生学会主动规划、自主选择发展,充分发挥为党育人作用。

习近平总书记强调,"党的群团工作做得好不好,关键在党的领导",要求"各级党组织要用极大精力来做党的群团工作"。打铁还需自身硬。新时代,要进一步巩固和完善党领导下的"一心双环"团学组织格局。学校团组织应紧紧围绕立德树人根本任务,在统筹推进"思想引领、素质拓展、权益服务、组织提升"工作布局的过程中,着重做好思想政治引领和价值引领、社会实践和志愿服务、团的基层组织建设、发展团员和团员管理、学生社团管理等方面工作。学生会组织是党领导下、团指导下的广大同学自我教育、自我管理、自我服务、自我监督的主要学生组织,各级学生会组织要配合团组织加强对学生社团的引导、管理和服务。

(倪赞岳)

第三节　少先队组织育人功能发挥

少年儿童是祖国的花朵,民族的希望,也是党的未来。而少先队作为中国共产党创建和领导的我国最大、最有影响力的少年儿童群众组织,是我国开展爱党爱国主义教育、促进千千万万少年儿童健康成长、提升国民政治素质的重要渠道。少先队组织在新时代背景下有了新内涵,也被赋予新要求、新任务和新使命,少先队组织育人功能要有效发挥,创新举措势在必行。

一、少先队组织育人功能发挥的时代性和紧迫性

(一)少先队组织现存问题影响其育人功能的发挥

从总体来看,少先队组织在应试教育向素质教育环境转变的过程中存在班队边界感明显的情况,吸引力、凝聚力和影响力不够;部分学校教育工作者没有清晰地认识到少先队组织的地位、功能和组织特性,使少先队活动常常被德育取代。从少先队组织活动实施来看,缺乏专业强、素养高的辅导员领导;存在开展的少先队活动目标不明确、教育内容简单化、教育形式单一,少先队活动缺乏政治性、主体性和趣味性,未能充分调动队员的自主性等现象。上述种种问题,限制了少先队组织自身在新时代背景中的发展,也影响其集体化、民主化教育功能的发挥,导致少先队组织育人功能的总体情况不理想、实际效果不明显。

(二)新时代背景下少先队组织创新和工作创新的迫切性

基于新时代背景,《中共中央关于全面加强新时代少先队工作的意

见》指出，"不断推进少先队组织创新和工作创新"是其总体要求的重要内容；"坚持与时俱进、改革创新"是其中的一大工作原则，在具体意见中进一步提及要"着力增强少先队荣誉感，推进新时代少先队组织改革创新"[1]。可见，创新不仅是时代发展的需要，更是少先队在新时代推进教育工作的必然要求。

（三）适应新时代的少年儿童身心变化和特点的需要

2015 年，习近平总书记在中国少年先锋队第七次全国代表大会上指出，少年儿童是祖国的未来和希望，要紧紧围绕"一切为了儿童，为了儿童的一切"的目标，还提到要重视少先队建设，为少年儿童办实事，让孩子们成长得更好。总书记关于少年儿童和少先队工作的重要论述，体现出党和国家对少年儿童的关爱，对其成长与发展的重视。但目前少先队组织在开展工作时常忽视儿童的心理特点和身心发展规律，使得少先队育人功能受限。

新时代的少年儿童成长于不同的背景，时代赋予他们变化，带来新的特点，新时代的少先队组织活动不能忽视这些特点和规律。正如《少先队改革方案》中所说，服务队员成长要落实立德树人根本任务，尊重少年儿童主体地位和特点需求，遵循少年儿童成长规律。新时代成长起来的少年儿童，拥有更优越的物质条件、更丰富的精神世界，在多元文化背景下，也拥有更多元的价值观，他们多为"网络原住民""数字原住民"，受到手机、互联网、自媒体、人工智能等的深刻影响，传统刻板乏味的教育模式已不能吸引儿童。少先队工作必须关注他们新的需求，精益求精，创新育人举措，用他们乐于接受和喜欢的方式，更好地组织开展少先队活动，引导和团结少年儿童，最大程度地发挥少先队组织育人功能。

二、少先队组织育人功能发挥的创新举措

（一）党建引领，构建组织文化，让儿童成为少先队组织的主人

少先队是党成立的少年儿童组织，少先队最大的优势是组织优势，

少先队的根本职责是为党育人。少先队要聚焦主责主业,让儿童在组织中接受教育,用组织生活影响儿童的生活和学习方式,用组织关怀滋养儿童心灵,不断强化少年儿童对党、团、队的组织认同,做好党的少年儿童工作。

构建组织文化,仪式教育是重要的途径。上海市杨浦区打虎山路第一小学每年都会举办成长检阅仪式,一年级入学仪式、二年级"六一"儿童节入队仪式、三年级十岁集体生日仪式、四年级游泳营入营仪式、五年级成长加油站二日营等,一系列的仪式教育活动已经逐渐成为学校"成长立志"的活动课程。[2]对每位队员而言,只要有进步,得到其他小伙伴的点赞认可,都可以成为光荣的"摇篮升旗手",接受全校师生的致敬。仪式教育对于队员们来说不仅是一次仪式,更是一次汇报、一次影响、一次成长。一些有行为偏差的队员,也是通过仪式的激励改变自己,立志前进。

其中,"摇篮杯"颁奖典礼是学校的品牌活动,是学校激励队员进取成长的重要手段。"摇篮杯"不是一个简单的奖项,它体现的是队员们入校几年来的成长与收获,是所有队员的奋斗目标。近年来,学校大队部联合其他各部门共同研讨,对"摇篮杯"的评选制度进行改革,结合红领巾奖章的争章活动制订"摇篮杯"的评选章程,而评价的导向也由原来的以成绩、才艺、荣誉为标准,到现在的以精神、品德、进步为标准。学校把激励作为一种教育的方式,在评奖活动中激发队员的进取心和光荣感,用一个个小目标的实现引导队员立大志向。

1994年6月,全国少先队"雏鹰行动"现场会在上海市浦东新区唐镇小学召开。2019年10月,学校开创的少先队雏鹰奖章活动记入了上海市少先队的历史,从原来的"雏鹰奖章"到现在的"红领巾奖章",更突出了少先队组织的政治属性。[3]在"活动+学科"相融合的阶梯式成长激励课程的思路上,聚焦政治启蒙和价值观塑造的核心任务,进行少先队仪式教育与争章活动优化组合的探索。少先队活动课程内容,对应红星章、红旗章、火炬章争章目标。

(二)自主自动,活跃组织活动,让儿童成为少先队活动的主体

少先队活动是少先队的生命所在,是少先队组织最基本和最主要

的工作及教育方式。少先队组织开展的活动,是以少先队员为主体的活动。[4]它是联合的、群体性的;它是实践的、快乐的。少先队教育的基本特征就是活动的教育。2021年12月22日,《少先队活动课程指导纲要(2021年版)》发布,就中小学校和校外少先队组织开展好少先队活动课程提出明确要求。少先队活动课程要坚持聚焦少年儿童政治启蒙和价值观塑造,坚持组织教育、自主教育和实践教育相统一,坚持课堂内外、学校内外、线上线下相结合,坚持表现性评价与阶梯式激励相衔接的课程理念。少先队活动课程就是落实这一教育理念的具体措施。

少先队的活动越丰富多彩,越能吸引队员,并且把他们紧紧凝聚、团结在少先队组织里。少先队员爱玩、爱活动,这是他们的天性和权利,尊重理解他们,就要尊重理解他们的这一喜好。上海市徐汇区向阳小学在少先队各类活动中,积极开展"红领巾快乐足球"活动,足球运动不仅是一项运动,更是一种精神。[5]开展"红领巾快乐足球活动"不仅可以为中国足球的发展打下扎实的群众基础,更可以通过足球运动立德树人,培养一代全面发展、有素质的人:身体好,心理健康,勇敢顽强,有战略大局意识,有爱国责任心,有团队合作能力,有个性鲜明的特长等。

上海市奉贤区奉城第一小学积极利用少先队活动课开展"齐聚小菜地,美创大行动"校园劳动实践基地美创活动。活动以中队为单位,以中队辅导员为活动负责人,以家委会为核心成员成立团队,由中队长带领队员们投身"美创小菜地"创建工作。[6]美创活动包括"三个一":一抹中国红,回望红军二万五千里长征路、井冈山革命根据地的创建过程,将艰苦奋斗、实事求是、敢闯新路的革命精神融入劳动基地,创造美好生活;一份设计图,队员寻找各学科教师做活动导师,开展小菜地畅想设计图的绘制,从数学上丈量菜地的尺寸大小到美术上设计绘画,充分发挥全员育人作用,让队员真真切切参与现实生活;一片生长地,通过探究,种上当季蔬菜,以劳动实践基地美创活动打开劳动实践体验之旅,引导队员们成为新时代爱劳动、会劳动、勤劳动的薪火少年。

（三）队伍建设，规范组织生活，为少年儿童的成长发展提供动力

2015年6月1日，习近平总书记寄语全国各族少年儿童："希望少先队组织牢记使命，教育引导亿万少年儿童为实现中华民族伟大复兴的中国梦时刻准备着。各级党委和政府、社会各界都要重视培育未来、创造未来的工作，关心爱护少年儿童，重视支持少先队工作，为少年儿童办实事，让孩子们成长得更好。每一位家长、每一个成年人都要为孩子作出榜样。"[7]

1. 少先队辅导员建设

引导少先队员听党话、跟党走，扣好人生的第一粒扣子是每一位少先队辅导员的神圣职责和光荣使命。[8]党的十八大以来，党中央高度重视少先队辅导员工作队伍建设，团中央、教育部、人力资源保障部、全国少工委联合印发了《关于加强新时代少先队辅导员工作的意见》，对少先队辅导员的能力素质提出进一步要求，进一步明确少先队辅导员工作的主责主业，帮助广大辅导员对自己的成长路径作出进一步规划。首先，少先队辅导员要强化思想政治素质，思想政治素质是少先队辅导员的第一素质，也是少先队辅导员应该融入血脉的精神气质；其次，少先队辅导员要研究儿童身心发展规律，要善于研究新时代少年儿童的成长环境和新时代少年儿童的行为特点，要站在儿童立场，用儿童视角，研究新时代少年儿童的所思、所想、所盼，服务引领好新时代的少年儿童；然后，少先队辅导员要发展专业能力水平，辅导员要加强少先队的仪式教育、集体建设、活动设计与辅导等方面的钻研和学习，要发挥集体教育的作用，让少先队员在集体中接受教育、在集体中实现自我教育，用实际行动为红领巾增添新的光荣；最后，少先队辅导员要提高工作实践能力，提高政策水平、理论水平和管理水平，要拓宽学科领域，理顺工作思路，整合社会资源，从更高的层次探索少先队工作的规律。

2. 发挥好学校少工委作用，联合校外阵地，让社会更关心少先队

全国少工委《少先队改革方案》中提出，"推动中小学成立由党政领导、大中队辅导员和志愿辅导员、家长代表等参加的学校少工委"。"朱泾花灯"是上海金山地区优秀传统文化的结晶，是朱泾镇"一镇一品"文化特色，也是上海市非物质文化遗产传承项目。学校少工委经过研讨，

选取"朱泾花灯"项目作为特色活动课程,这既是传承中华优秀传统文化的需要、学校立德树人根本任务的需要,也是学校开展少先队工作的重要抓手。少先队员们在"朱泾花灯"系列实践活动中了解家乡文化,提高动手能力,培养合作精神,提高审美情趣,为少先队员开启未来的幸福生活打下基础。每逢元宵、中秋,学校大厅里悬挂上各类灯谜和花灯制作比赛的展品,队员们学习交流中华传统文化技艺,开展丰富多彩的现场活动,接受中华传统文化的熏陶,在育人环境中感受学习的乐趣。[9]学校每年开展"朱泾花灯"创意设计综合实践活动,分年级分层实施,队员们开展创意大比拼,培养花灯小讲解员,评选花灯小工匠,在课程参与中感受创造的乐趣。在朱泾镇花灯节、金山区非遗活动日,以及社区、街道、农场的花灯主题活动中,队员们担任花灯文化的宣传员和小使者,丰富社会实践经验,提高人际交往能力,在校外活动中感受成长的乐趣。

　　3. 构建少先队校外组织体系

　　校外教育机构要以培育共产主义接班人为根本任务,实现立德树人、五育并举的目标。校外教育工作者要履行职责,把校外教育阵地作为青少年迈向社会的重要支点。以上海市普陀区青少年中心为例,通过以下举措着力加强少先队综合实践教育。(1)打造"1+3"空间阵地。"1",以普陀少年城为核心区域,提供周末基础趣课程、个性拓展社团课程、多元融合体验营课程,丰富少先队员课余生活,体现校外实践教育新生态。"3",以少科院、少工坊、少营地为联动区域,支持项目化学习,开展学农学工技能实操和社会实践活动。(2)线上课程线下配送。现在形成"智慧欢乐谷""游点滋味""科以很有趣""不可思议的世界"等七大类线上慕课、优选特色微课 76 节。线上发布"趣实验"公益课程五期 10 堂微课,在"学习强国"上海平台"城市教室"进行转推。根据组合式送课进校要求,以线下讲授的形式配送进校。(3)"五育融合"应用平台。开发课外活动竞赛 APP,提供一站式综合服务。只要扫码微信小程序,即可获得"五育"竞赛活动搜索、成绩查询、赛道发布、场馆资源等资讯,实现实践活动报名、成长记录、资源管理、校园文化特色项目展示等网络化一体化管理。(4)主题式实施重点活动。突破时空限制,深度策划内容红、形式新的主题展、会、节、赛等活动,开展国防军事体验营、"劳动创造美好"职业系列体验、"电影阳光行"等实践项目。[10]

参考文献

［1］ 中共中央关于全面加强新时代少先队工作的意见_教育部门户网站_MOE.GOV.CN［EB/OL］.http://www.moe.gov.cn/s78/A01/s4561/jgfwzx_zcwj/202102/t20210204_512513.html.

［2］ 陈中杰.幸福"摇篮"助力　雏鹰成长飞翔——上海市杨浦区打虎山路第一小学少先队工作的实践探索［J］.少先队活动,2022(4).

［3］ 蔡巍巍.唐镇小学：打开上海少先队历史上的一页——奖章活动［J］.少先队活动,2022(2).

［4］ 杨一鸣.新时代,如何开展少先队活动课——《少先队活动课程指导纲要(2021年版)》的解读与回应［J］.少先队活动,2022(4).

［5］ 洪雨露.少先队员们,踢足球去！［J］.少先队活动,2015(5).

［6］ 范晓叶.弘贤育德做先锋　五育并举促成长——上海市奉贤区奉城第一小学少先队工作的实践探索［J］.少先队活动,2022(5).

［7］ 中共中央文献研究室.习近平关于青少年和共青团工作论述摘编［M］.北京：中央文献出版社,2017.

［8］ 陈宝霖.不负光荣使命　做少先队员成长道路上的引路人［J］.少先队活动,2022(2).

［9］ 胡娓娓.绽放花灯魅力　培育坚定"文化自信"的时代少年——上海市金山区朱泾第二小学少先队的育人实践［J］.少先队活动,2022(2).

［10］ 徐蓓娜."双减"背景下,校外教育如何作为［J］.少先队活动,2022(2).

（高壁茹）

第四节　学生社团建设管理机制

一、学生社团的基本内涵与任务

学生社团是落实立德树人根本任务、推进素质教育的重要载体,是学生根据成长成才需要,结合自身兴趣特长,在学校党组织的领导和团委(少先队)的指导下开展活动的群众性学生团体。为充分发挥学生社团育人功能,学校通过切实加强学生社团建设管理,支持学生社团的健康有序发展。

(一)学生社团基本内涵

学生社团是学生为了实现共同意愿和满足个人兴趣爱好而自愿组成,按照一定章程开展活动的、具有固定成员和特定活动范围的学生组织。学生社团由志趣爱好相同的学生自愿组织起来,在活动时打破了班级、年级和校区的界限,以丰富课余生活、增长知识、陶冶情操为目的,以学生的自我组织、自我实施和自主管理为主要方式开展活动,充分发挥学生在教育过程中的主体作用。学生社团活动成为素质教育的一个新亮点,是在课堂教学之外能让学生发挥特长,有兴趣地进行探索、学习的第二课堂,是对日常课堂教学的有益补充。

(二)学生社团基本任务

2006年4月《教育部关于大力加强中小学校园文化建设的通知》发布,要求强化课后科技、艺术、体育、娱乐活动,广泛组织多种类型的兴趣小组和学生社团活动。学生社团组织和活动的目的是活跃学校的学习氛围,提高学生的自主管理能力,丰富学生的课余生活。

2017年《中小学德育工作指南》印发,指出学生社团的活动要以保证完成学生的学习任务和不影响学校正常教学秩序为前提,以有益于学生的健康成长和有利于学校各项工作的进行为原则。学生社团可以根据学校的实际情况,利用学生的课余时间开展各种形式的活动,以交流思想、切磋技艺、互相启迪、增进友谊。

2018年全国教育大会上,习近平总书记指出,要努力构建德智体美劳全面培养的教育体系,形成更高水平的人才培养体系。

2021年7月,中共中央办公厅、国务院办公厅印发了《关于进一步减轻义务教育阶段学生作业负担和校外培训负担的意见》,要求各地区各部门结合实际认真贯彻落实"双减"工作。利用课后时间组织学生开展丰富多彩的科技、文娱、体育等社团活动,创新学生课后服务途径,亦是落实"双减"的重要举措。

基于以上分析,我们可以认为,中小学学生社团的任务是丰富学生课余生活,繁荣校园文化,培养学生个性特长,促进德智体美劳全面发展。尤其在"双新""双减"背景下,中小学生社团建设被赋予更重要的育人使命。

二、学生社团的组织领导机制

党的二十大报告指出,教育是国之大计,党之大计。培养什么人、怎样培养人、为谁培养人是教育的根本性问题。2022年1月,中共中央办公厅印发的《关于建立中小学校党组织领导的校长负责制的意见(试行)》指出,确保党组织履行好把方向、管大局、作决策、抓班子、带队伍、保落实的领导职责。学生社团是立德树人的重要阵地和推进素质教育的重要载体,加强党组织对学生社团的全面领导,是促进学生社团健康发展和落实立德树人的根本保证。

(一)加强党的全面领导

习近平总书记指出,加强党对教育工作的全面领导,是办好教育的根本保证,强调思想政治工作是学校各项工作的生命线。学校党组织履行"把方向"的领导职责,成立由书记(校长)任组长的学生社团领导小组,组建党组织领导的工作小组,形成少先队、团委、人事、教务、安全等相关职能部门共同参与的学生社团工作机制,坚持社会主义办学方向,坚持落实立德树人的根本任务,推进党组织的领导具体化。

(二)发挥组织引领作用

学校党组织履行"带队伍"的领导职责,强化党建带团建、队建,把党建、团建、队建与学生会建设、社团建设有机结合。学校少先队(小学、初中)、团委(初中、高中)成立学生社团管理部门,加强具体指导,做好社团建设管理具体事务等。业务指导部门要承担学生社团健康发展的主体责任,担负日常活动的监督指导和社团成员的教育管理职责等。

（三）指导制定各项制度

学校党组织履行"作决策"的领导职责。2020 年中共教育部党组、共青团中央印发《高校学生社团建设管理办法》，同时废止《高校学生社团管理暂行办法》（2015 年共青团中央、教育部、全国学联印发）。《高校学生社团建设管理办法》为中小学的学生社团建设管理提供了参考依据。学校党组织领导的校长负责制要优化顶层设计，组织制定完善学校《学生社团管理办法》等各项政策，至少包括申请成立、日常管理、组织建设、经费管理、运行规范、违规处理等方面的内容，才推动学生社团健康发展。学校党组织要建立倒查问责机制，对学生社团管理中出现重大问题依规依纪进行严肃追责问责。如，上海市南洋模范中学社团联在学校党委的指导下，制定完善了《上海市南洋模范中学社团管理办法》《上海市南洋模范中学学生参加社团考核办法》等各项制度，进一步加强了学校党组织对学生社团工作的指导。

三、学生社团的登记管理机制

中小学校党组织领导的校长负责制，坚持把政治标准和政治要求贯穿办学治校、教书育人全过程、各方面，坚持社会主义办学方向，落实立德树人根本任务。为此，学生社团注册登记管理机制是党组织把方向、管大局的重要体现。

（一）学生社团成立条件

有一定数量的本校正式学籍在读学生，规范的名称和相应的组织领导机构，规范的社团章程，明确的社团业务指导部门，翔实的申请成立材料，至少有 1 名指导教师。

下列情形不予注册登记：申请成立时弄虚作假的；学生社团人数长期不足；年审不合格且整改无效的；全体成员大会决议解散的；学校已有相似学生社团的；涉及宗教文化的；涉及民族排他性或地区排他性的；跨地跨校联合成立的；举办违反法律法规、校纪校规或社团章程宗旨活动的；其他不宜批准成立或不宜继续注册登记的。

(二) 学生社团注册登记

学校党组织领导的学生工作部门牵头成立学生社团建设管理评议委员会,负责学生社团成立、变更、注销登记及评议审核。对年审合格的学生社团进行注册登记,评议审核结果提交学校党组织核准后方可执行。对年审不合格的学生社团提出整改意见,整改期间社团不得开展除整改以外的其他活动。

2018 年全国教育大会提出,构建德智体美劳五育并举、全面发展的育人体系。为了促进学生发展,在中小学学生社团的形式可多种多样,如文艺社、围棋社、摄影社、戏剧社、美术社、合唱团、话剧团、篮球队、足球队、趣味数学社、志愿服务社、环保小分队、微电影社团等各类学生社团,涉及体育、艺术、科普、环保、志愿服务等多个领域。

(三) 组织学生社团排查

对运行情况良好的社团,可在评奖评优、活动经费等方面给予适当的表彰激励。对于未按规定注册或政治导向错误、开展非法活动的学生社团要依法依规予以取缔。对于学生社团在校内外开展非法活动的,运用法律手段依法追究该非法社团及相关负责人的法律责任,维护学校和学生权益。未经批准成立或已经注销的学生社团不得开展任何活动。

案例 1 上海市南洋模范中学(高中)社团管理办法(节选)

第二章　社团的成立

第十一条　成立社团组织应当具备下列条件:

1. 由十五名以上的学生联合发起,发起人必须具有开展该社团活动所必备的基本素质,且未受过校纪校规处分。

2. 有规范的名称和相应的组织机构。

3. 有相对固定的活动场所(校内或校外)。

4. 有至少一名社团指导教师(每名教师最多只能同时担任两个社团的社团指导老师)。

5. 有规范的章程。

6. 有自己的特点与特色,社团活动的开展具有可行性。社团的名称应当符合法律、法规的规定,不得违背校园文明风尚。社团名称应当与其性质相符,准确反映其特征。

第十二条　申请筹备成立社团组织,发起人应当向社团联提交下列文件:

1. 创建申请书。

2. 章程草案。

3. 发起人、拟任负责人和财务负责人的基本情况介绍、学生证。

4. 指导教师基本情况、身份证明。

第十六条　以下情况不批准社团成立:

1. 社团宗旨、活动内容、范围不符合本条例第三条规定的。

2. 校内已经有性质相同或相近的社团,没有必要成立的。

3. 发起人受过校纪校规处分的。

4. 在申请筹备成立时弄虚作假的。

5. 筹备社团的人数未超过十五人的。

四、学生社团组织建设机制

学生社团组织建设是社团健康发展的保障,其组织建设机制一般包括学生社团成员的权利、学生社团大会制度和学生社团组织架构等方面。

(一)学生社团成员权利

学生社团成员是具有正式学籍的本校在读学生。社团成员有权了解社团的章程、组织机构,有权对社团管理和活动提出建议,有权按照章程申请加入或退出,有权向上级管理部门反映社团及其成员出现的问题。社团成员定期注册,并按要求参加社团相关活动。

(二)学生社团大会制度

拟批准成立的学生社团要召开全体成员大会或成员代表大会,通过社团章程,选举产生社团负责人。已注册的学生社团要定期召开全体成员大会或成员代表大会,依照社团章程行使职权,包括选举和更换社团负责人候选人,审议社团工作报告,对社团变更、解散等事项作出决定,修改社团章程,监督社团财务及活动开展情况等。

(三) 学生社团骨干遴选

学生社团负责人由校团委(少先队)在党组织学生工作部门的指导下,通过提名推荐、公开选举、考察公示、审核批准等环节遴选产生。社团负责人主要是指正副社长。学生社团在辅导教师指导下,加强学生社团组织建设,增强集体凝聚力,制定评价考核办法,激发学生活力。

五、学生社团活动管理机制

(一) 学生社团活动开展

学校党组织鼓励学生社团依据法律法规、校纪校规、社团章程广泛开展社团活动。社团活动须经学生社团集体决策、指导教师同意并报业务指导单位批准。活动需要提交翔实的活动方案及安全预案等。不得开展与其宗旨不符的活动,不得参与违法违纪活动。学校党组织领导的管理部门要积极拓展学生社团活动路径,丰富活动内容,创新活动形式,利用校园节日和纪念日等契机,加强活动育人和实践育人,增强社团活动的吸引力和感染力。

(二) 学生社团自主管理

指导教师把握社团发展方向,加强思想政治教育,培训学生社团骨干,指导、鼓励学生社团进行自主管理。学生社团社长、副社长等负责人在教师指导下,根据社团管理章程,组织社团会议,履行自主管理职责,成员之间进行自评、互评等管理评价。社团负责人对社团工作定期总结,汇总突出问题,提出合理建议,并及时向指导教师、学校党组织学生工作部门报告等。

(三) 学生社团活动监督

学校党组织领导的团委(少先队)等相关部门加强对学生社团及其

成员开展活动的规范管理和分类指导。发现违反法律法规和校纪校规的活动，要坚决及时制止。对违反法律法规或校纪校规的学生社团，要视情节严重程度按程序对相关责任人给予纪律处分。在校期间受到校纪校规处分的、曾因违反有关规定被撤销社团职务的、对社团被宣布解散或注销应当承担主要责任的学生不得再担任社团负责人。

案例 2 **上海市南洋模范中学(高中)社团管理办法**

第三章 社团的监督管理

第十八条 社团联负责下列监督管理工作。

1. 负责社团的成立、变更、注销的登记和备案。

2. 对社团实施年度检查。

3. 对社团聘请校内外专家担任顾问的申请进行审查批准。

4. 对社团违反本条例的问题进行监督检查和处理。

第二十二条 社团在校内开展常规活动，须于两天前上报社团联批准。社团开展大型活动，必须提前两周报社团联批准;同时，应向社团联递交活动计划方案，内容应包括下列事项:

1. 活动名称。

2. 活动宗旨、意义。

3. 活动时间。

4. 活动地点。

5. 活动参与人数。

6. 活动内容简介。

7. 活动安排。

8. 经费使用情况(必须填写)。

9. 其他需要的相关内容。

社团跨校进行交流活动，必须经社团联批准。

(四)学生社团活动宣传

2021 年教育部印发《关于加强新时代教育管理信息化工作的通知》，提出以信息化支撑教育治理体系和治理能力现代化。随着信息化水平的提高,学校党组织领导的学生工作部门加强对学生社团网站、新媒体平台及印发刊物进行审核备案;建立规范的内容把关机制,确保发布内容积极健康。指导教师要对学生社团开展线上线下宣传、发布活动等进行指导和审核。

(五)学生社团活动评价

2020年10月,中共中央、国务院印发了《深化新时代教育评价改革总体方案》,指出教育评价事关教育发展方向,要坚持问题导向,破立并举,推进教育评价关键领域改革。为此,学校党组织要落实立德树人根本任务,遵循教育规律,系统推进教育评价改革,完善学生社团的评价激励机制。要坚持改进结果评价,强化过程评价,探索增值评价,健全综合评价,建立合理的学生社团奖惩制度。坚持学生社团活动过程性评价与阶段性评价相结合,对表现突出的社团成员进行奖励,对学生社团进行命名表彰。

案例 3 **上海市新农学校(九年一贯制)社团评价做法**

上海市新农学校根据《深化新时代教育评价改革总体方案》深化教育改革,完善学生社团评价激励机制。如,学校团委、少先队、家长代表等组成学生社团专家评委组听取社团年度总结,评选星级优秀社团(社团总数的20%)、优秀学生社团指导教师。在指导教师和社长的组织下通过自评、互评等方式,每个社团评选20%的优秀学员。评选结果上报学校党组织审核后公示,并在学校学年学生休业式上进行集中表彰。评价激励机制激发了学生社团的活力和学生的积极性,涌现出"航天科技""拳力以赴"等十多个精品社团,涌现出"上海市明日科技之星""市运会拳击冠军"等优秀学员,学校少年官成为国家级少年官。

六、学生社团服务保障机制

(一)学生社团师资保障

指导教师在学生社团建设中发挥着重要指导作用。学校建立学生社团指导教师库,把教师的政治素养放在首位,完善指导教师选聘机制。根据需要可以聘任校外人员担任指导教师。根据学生社团发展需要可以聘任多名指导教师。对考核不合格的指导教师要依规解除聘任。

案例 4

上海市金山区教育局坚持五育并举,融合育人,推进区域教育变革。通过推进"体教融合""戏曲进校园"等项目,发掘校外指导教师资源,加强学生社团师资队伍建设,打造一大批金山特色、上海品牌、全国知名的"金牌"学生社团。如金山区兴塔小学的"足球社团"获得2017年"美国杯"等世界级赛事冠军,亭林小学"戏剧社团"在2019年中国少儿戏曲小梅花荟萃活动中荣获金奖,新农学校"科技社团"培养出一批市级"科技之星",山阳中学的"艺术社团"全国知名,金山中学"排球社团"多次蝉联市级比赛冠军等。教育局搭建校外师资平台,学校聘请校外指导教师,进一步满足了学生个性化发展的需求,让学生社团健康发展,培养了学生的个性特长。

（二）学生社团安全保障

安全是学校生存和发展的基石,是学生活动的前提。学校安全部门参与指导制定学生社团相应的安全机制,每次活动要有可行的安全预案。学校必须保障社团活动场所、活动设备、活动人员等方面的安全。要建立严格学生社团活动审批手续,指导教师、社团负责人要对整个过程活动安全进行负责。

（三）学生社团资源保障

《中小学德育工作指南》明确指出,发挥学生会作用,完善学生社团工作管理制度,建立体育、艺术、科普、环保、志愿服务等各类学生社团。党组织领导的校长负责制要履行好"保落实"的领导职责,创造条件为学生社团提供经费、场地、设备、条件、活动时间、制度等方面的充分保障。当前,随着基础教育"双减"政策落地,课后教育为学生社团活动开展提供了更多的时间和空间。学校应设立学生社团活动专项经费,保证专款专用,支持学生社团活动正常有序开展。

(左银智)

第六章
社会实践机制发展创新

第一节　各类教育基地活动机制

中国特色社会主义进入新时代,教育的基础性、先导性、全局性地位和作用更加凸显,建设教育强国被视为实现伟大复兴中国梦的基础性工程。近年来,依据国家课程方案,在教育教学中联合社会各方力量,探索建立利用社会资源开展中小学社会实践的机制成为教育改革和发展的重要任务,通过基地建设将教育与实践相结合也成为创新和丰富青少年社会实践的主要形式。然而,要使各类教育基地活动有序、良性、长效地开展,尚有不少问题需要研究和解决,其中活动机制问题是关键。

一、教育基地现状及其主要类型

为提高教育质量,推动内涵式发展。2011 年,教育部下发了《关于联合相关部委利用社会资源开展中小学社会实践的通知》,提出教育部将联合相关部委建设主题教育社会实践基地,探索建立利用社会资源开展中小学社会实践的机制。这一文件成为全国各类中小学教育基地创建的指导性文件。2016 年,教育部等十一部门颁布《关于推进中小学生研学旅行的意见》,加快了各类教育基地建设的步伐。

据统计,“十三五”期间全国遴选了 622 个全国中小学生研学实践教育基地和营地,[1]其中包括上海市青少年校外营地——东方绿舟、中共一大会址纪念馆、龙华烈士陵园、淞沪抗战纪念馆、钱学森图书馆、鲁迅纪念馆等 20 多家单位。中国科协认定的 2021—2025 年度全国科普教育基地 800 家单位中,上海占了 41 家,从空间密度的维度看,在全国的排名中,上海空间密度最高。[2]有关资料显示,目前上海市、区两级学生社会实践基地 2 011 家[3]、爱国主义教育基地 329 个[4]、市级学生(青少年)科创教育基地 71 家,学生劳动教育基地 68 个[5]。2022 年上海首个学生综合性劳动实践基地——光明花博邨投入使用。未来上海还将建设若干个市级综合性劳动教育实践基地,形成市、区、街道(乡镇)、学校立体化劳动实践基地网络[6],形成示范引领、整体协同、优势互补的多元矩阵实践教育基地体系,形成完善校外实践基地资源图谱,探索长三角研学实践教育基地资源共建共享[7]。

从基地自身服务对象定位的角度出发,青少年教育基地大致分为两个大类。一类是以青少年为主要服务对象的专门性教育基地,如东方绿舟、上海市少年儿童佘山活动营地、金山区青少年实践活动中心等综合性教育基地(营地)等。另一类是专题性教育基地,该类教育基地主要在公共机构、公共设施、国有企事业单位等建设中华传统文化教育、革命传统教育、法治教育、科学技术教育、文化艺术教育、国防教育、保护环境和节约能源资源教育、安全健康教育以及经济建设和社会发展等多方面专题教育的社会实践基地。[8]各类教育基地在教育内容上虽有不同的侧重点,但对青少年创新精神、实践能力、核心素养的培养都发挥着重要的作用。

二、各类教育基地活动机制建构

(一) 加强组织领导,健全工作机制

1. 建立联席会议制度,加强统筹协调

由教育主管部门牵头,联合宣传、文旅、共青团、妇联、关工委等部门,建立联席会议制度,加强组织领导。可在教育部门设立联席会议办公室进行具体事宜的统筹协调,定期召开会议,制定发展规划,研究相关政策,协调重大问题,组织开展经常性的交流协商活动,做好培训和表彰奖励等工作。联席会议制度的建立为各类教育基地活动系统性、常态化地开展提供了有力的保障。

2. 设置"教育专员"岗位,加强联动对接

各类教育基地通过建立具有教育功能的部门和"教育专员"岗位,加强基地与教育主管部门、学校、家庭之间的对接机制建设。通过育人为本的理念对接、共同研修的业务对接、协同共育的活动对接,进一步

发挥各类教育基地"教育部""教育专员"的桥梁纽带作用,让联席会议制订的各项计划能有序、有力地向前推进。如徐汇"汇游"移动课堂项目,充分发挥基地"教育专员"作用,采取"双教师制"由学校教师与场馆教育专员联合设计项目活动,第三方公司提供技术支持,各自发挥优势挖掘馆藏资源的价值,实现学生校外实践的深度学习。

3. 建立教育基地联盟,加强合作共建

通过联盟形式组织各类教育基地定期开展教研、培训,研发各类活动、开发课程,形成共建合力。自 2016 年起,上海市教委、市校外联办开展上海市学生社会实践基地联盟建设工作[9],先后建立爱国主义教育类、民族精神教育类等十多个校外教育联盟,运用馆馆联盟、馆校联盟的运行方式,各联盟进行活动联动、课程共建,为青少年校外教育项目库和资源库的构建提供了有力的保障。

(二) 优化活动设计,完善运行机制

1. 抓牢顶层设计,形成良好的活动规划

各式各样的教育活动是教育基地发挥育人作用的核心途径。各类教育基地要根据时代的新要求,结合基地自身优势和特色,以培育学生核心素养,促进学生"全面发展"为目标,做好各类教育活动的顶层设计。首先,各类教育基地在活动设计上,要将人文底蕴、科学精神、学会学习、健康生活、责任担当、实践创新等六大素养融入活动目标。其次,在教育内容方向的选取上,除了突出自身"专题性"的主打方向外,在教育指向上也要将理想信念教育、社会主义核心价值观教育、中华优秀传统文化教育、生态文明教育、心理健康教育等内容渗透其中,打造"一专多涵"的跨界融通性教育活动。再次,要结合学生教育成长规律和不同阶段学习生活的特点,突出情境性、体验性、实践性等校外教育活动的特点,分阶段、分类别、递进式、层级化地构建教育活动系列,实现阶段性与整体性相衔接、学生需求与教育要求相适应的教育活动新生态。

2. 突出特色亮点,打造课程体系与项目品牌

各类教育基地活动长效、有序的运行离不开特色化的活动课程体系建构和品牌性活动项目的打造。首先,各类教育基地要发挥自

身资源优势,推进分学段建设探究性、服务型、体验性教育实践活动课程建设,形成"一社一品""一馆一品"特色,如上海中华印刷博物馆的"神奇的印刷术"项目、上海纺织博物馆的"纤维微观世界探秘"课程、梦清园科普基地的"水环保"等都是结合自身资源特色形成的品牌特色活动。其次,各类教育基地要主动对接学校需求,建设相应的实践课程和品牌项目。如,徐汇区"励志地图"项目开发中,校外场馆与相应学校主动进行资源对接,学校结合德育工作和学科教学实际,选派优秀教师进入场馆,馆校"双教师"合作开发实践课程,在场馆课程中融入思政、语文、自然、历史、艺术、科技等学习内容,为学生的体验活动、情境活动、小课题研究等提供了充分支撑。此外,各类教育基地可尝试通过挖掘传统节日、重要节庆日、重大赛事、纪念日等蕴含的育人资源着手,与其他教育基地互联互通、资源共享,建设活动精品课程。通过"特色化—课程化—精品化"的建设过程,带动教育基地的内涵提升与特色发展。

3. 拓展网络空间,建好教育活动双阵地

随着教育数字化转型的推进,大数据、云计算、人工智能、VR/AR等技术的发展,各类网络学习平台、虚拟仿真实验室、数字博物馆等新型网络学习空间不断涌现。网络学习阵地的开辟,重构了学生的活动学习环境,改变了传统教育活动的流程和模式,推动了正式学习与非正式学习的融合,为教师的创新教学、学生个性化学习和同伴交互式互动学习提供了有利的条件。

《教育信息化 2.0 行动计划》中提出,"要促进网络学习空间与物理学习空间的融合互动,推动网络学习空间在教与学活动中发挥重要作用"[10]。近年来,受疫情影响,各类教育基地也在陆续探索通过慕课、现场直播、虚拟仿真等方式开展实验、实践教学。如今通过线上线下相结合的"双阵地"开展各类教育活动,既可以发挥线上资源广集聚、广辐射的优势,又可发挥线下活动面对面鲜活生动的特点。各类教育基地在用好自身实体阵地空间的同时也要开辟网络空间活动阵地。一方面可以充分利用现有的一些新媒体平台,比如微信、视频号、微博、抖音、B站等建设基地专属的网络空间活动阵地,通过录制视频微课、直播互动等方式开展活动。另一方面也可以采用自主研发、委托开发、购买服务等形式进行网络学习空间阵地建设。比如徐汇区教育局与各基地联合开发的"励志地图"小程序为学生提供线上云参观各场馆的便利;中共一大纪念馆开发的两个虚拟讲解员形象"库宝"和"德妹"带领参观者云上走进中共一大纪念馆,追寻中国共产党诞生的历史等。线上线下"双阵地"活动开展,通过"邀请学生到网络中来"和"吸引学生到实践中去",构建起了学生社会实践体验的双课堂。

(三)明确责任归属,建立风险机制

各类教育基地应该制定成文的教育活动事故处理预案和办法,要将安全教育及相关事故急救训练作为常态化教育的一部分。在每次活动开展前,活动指导教师要充分掌握实践地点的治安状况、路线环境及道路交通、风俗习惯等情况,并组织参与活动的学生进行相关规则的学习,让他们遵守活动的相关规定。在每次组织开展社会实践活动前,教育基地要与参与活动的学生或者是合作的学校签订风险责任协议书,明确双方的义务和应承担的责任。此外,各类教育基地可通过投保的形式,为参与活动的学生购买相应的活动保险,使社会分担事故风险,从而保障各项活动的顺利开展。

(四)营造育人生态,建构保障机制

充分发挥各类教育基地主导、学校联动、家庭和社会支持的作用,营造校内外多层次、多形式协作的活动育人生态圈。首先,各类教育基地要整合社会力量,扩大社会交流合作领域,通过政府拨款、社会筹集、自主经营等多种形式,建立多渠道筹集活动资金的机制,保障各类教育活动有充足且持续的经费投入。其次,要推进基地、学校、家庭、社会"四位一体"活动育人共同体建设,建立双向负责的需求分析、沟通联系、动态监控和活动反馈机制。再次,要充分发挥有关高等院校、科研机构、专业团体、学校学科教师以及老干部、老战士、老专家、老教师、老模范的智囊团作用,打造一支校外本领过硬的教育基地准"师资"队伍。

最后,要积极发挥好媒体宣传主阵地的作用,做好教育基地活动成果推广和宣传工作,营造良好的育人舆论氛围。

三、教育基地活动机制实践应用案例

(一)"汇游"移动课题项目

为了多层次、全方位推进育人实效性建设,依靠社会教育力量拓展学生成长空间,构建全场域育人平台,在高中、初中全面启动综合素质评价的大背景下,徐汇区教育局与区文明办、文旅局共同推出徐汇区青少年"励志地图"微信小程序,汇集徐汇重要场馆资源,校内外联动培育学生综合素养,构建全场域德育新格局。

2019 年,徐汇区教育局与区文旅局合作,在原有 112 个学生社会实践基地的基础上,筛选出区内 67 个场馆,开发制作了徐汇区未成年人"励志地图"小程序。学生可以通过小程序了解区内纪念地、名人故居、遗址遗迹、艺术馆、博物馆等场馆资源,进行寻访打卡、留言互动,记录、分享自己在社会实践中的感受与成长。为了进一步向学生社会实践课程要深度,"励志地图"开始了思政课及其他学科课程与校外资源衔接的探索。校外场馆与学校主动进行资源对接,学校结合德育工作、学科教学实际,选派优秀教师进入场馆,从不同角度充分挖掘馆藏资源价值,将育人课堂延伸到场馆。龙华烈士纪念馆、钱学森图书馆、宋庆龄故居、中科院上海昆虫博物馆、徐家汇观象台旧址……17 个场馆与 26 所中小学合作推出 54 节线上微课,基于适合不同学段学生认知特点、认知规律和发展需求,馆校"双教师"合作开发实践课程,在场馆课程中融入思政、语文、自然、历史、艺术、科技等学习内容,为学生的体验活动、情境活动、小课题研究等提供了充分支撑。2021 年,徐汇教育正式启动"汇游"移动课堂项目,即"励志地图"小程序 3.0 版本。"汇游"移动课堂项目致力于打造教师和学生共同探索、相互交融的互联网学习生态。学生在手机端领取学习任务,根据提示完成线下寻访任务,以沉浸式的学习方式开展场馆研学实践。龙华烈士陵园"小小情报员"任务、衡复风貌区"慧寻访 绘写生"任务等,目前开发完成的 12 个"汇游"任务,为徐汇中小学生的社会实践、场馆研学提供了更多样化、个性化的选择。

目前,"励志地图"项目已 100% 覆盖徐汇中小学,三年来点击量逾150万,为徐汇"十三五"期间整合资源依靠社会力量拓宽学生成长空间、构建全场域育人平台提供了有力的支撑,成为了徐汇教育具影响力的品牌项目之一,通过打造家门口的"社会大课堂",多层次、全方位推进合力育人共同体建设。

(二)"听'00后'讲建党故事"研学项目[11]

为庆祝中华人民共和国成立70周年,打造面向青少年的"初心教育大课堂",进一步推动中小学生校外研究性学习。在中共上海市委宣传部、上海市文化和旅游局(文物局)、上海市教育委员会、中共上海市委党史研究室、共青团上海市委员会等单位的联合指导下,中共一大纪念馆携手中福会儿童教育电视制作中心、华东青少年教育研究与发展中心、上海市青少年活动中心,共同举办了"话说一大:听'00后'讲建党故事"研学活动。本次活动还受到了浙江嘉兴南湖革命历史纪念馆、江苏南京雨花台烈士陵园、南京市青少年宫、嘉兴市青少年宫等单位的大力支持。

研学项目启动初期,中共一大纪念馆邀请上海市党史界、教育界专家,从研学意义、研学方法、课程设计、传播效果等方面进行论证和研讨,为"话说一大"研学项目出成果、保质量奠定基础。本次研学项目分为四个阶段:筹备发动、开展研学、创作展示、总结宣传。通过历时近四个月的活动开展,来自上海、嘉兴、南京的70余所学校的教师分别就30个与建党有关的研学主题带领学生进行了探究性学习,完成教师研学教案70余篇,学生撰写建党小故事200余篇、研学心得200余篇。中共一大会址纪念馆充分利用研学成果,结合原创精品展,向江浙沪三地学校推送"话说一大:听'00后'讲建党故事"展览和研学教案,输送优质教育课程,突显"研学"的内核,打造面向青少年的"初心教育大课堂",为未成年人校外教育作出贡献。

参考文献

[1] 梁希理.教育部已遴选 622 个全国中小学生研学基地和营地[EB/OL].[2020 -
12 - 10]. http://www. moe. gov. cn/fbh/live/2020/52763/mtbd/202012/
t20201210_504727.html.

[2] 马晓敏,张志斌,郭倩倩,等.中国科普教育基地空间分布、类型结构及影响因
素[J/OL].干旱区地理:1 - 14[2023 - 04 - 01].http://kns.cnki.net/kcms/
detail/65.1103.x.20230201.1410.002.html.

[3] 上海市教育委员会.对市十五届人大三次会议第 0640 号代表建议的答复
[EB/OL].[2020 - 09 - 16].http://edu. sh. gov.cn/xxgk2_zhzw_jyta_02/
20201106/v2 - c1e699f9d1dc4f9b95fb02f1e37f3453.html.

[4] 王平.担当全国教育改革探路者   上海教育现代化目标初步达成[EB/OL].
[2022 - 10 - 18].http://edu. sh. gov.cn/xwzx_xxgz/20221020/6c2b4bda52924
b478fd9a63ce5e17712.html.

[5] 上海市教育委员会.2021 年上海市教育工作年报[EB/OL].[2022 - 08 - 17].
http://edu. sh. gov.cn/xxgk2_zdgz_jygzydynb_02/20220521/18d7dd6b6c2048
62a23f0e6b9acea09c.html.

[6] 上海市教育委员会.关于加强和改进新时代上海未成年人校外教的意见
[EB/OL].[2021 - 05 - 20].http://edu. sh. gov.cn/mbjy_xwzx/20210521/
41aeb069c6c14fb9902805cf9cc5718e.html.

[7] 中共上海市教育卫生工作委员会,上海市教育委员会.关于印发《上海市
学校德育"十四五"规划》的通知[EB/OL].[2022 - 01 - 07].http://edu.
sh. gov.cn/xxgk2_zhzw_ghjh_01/20220107/7a3af874b9ba43d69bf7f843744e5
bf3.html.

[8] 中华人民共和国教育部.关于联合相关部委利用社会资源开展中小学社会实
践的通知[EB/OL].[2011 - 05 - 05].http://www.moe.gov.cn/srcsite/A06/
s3325/201105/t20110505_120134.html.

[9] 上海市教育委员会.对市政协十三届四次会议第 0590 号提案的答复[EB/
OL].[2021 - 06 - 15].http://edu. sh. gov.cn/xxgk2_zhzw_jyta_02/20210825/
07dd9ce880f043919b10b9dd8174824f.html.

[10] 中华人民共和国教育部.关于印发《教育信息化 2.0 行动计划》的通知[EB/
OL].[2018 - 04 - 25].http://www.jyb.cn/zcg/xwy/wzxw/201804/t20180425
_1054161.html.

[11] 南京市青少年宫.江浙沪三地学生代表共聚上海"话说一大:听'00 后'讲建党
故事"![EB/OL].[2019 - 09 - 24].https://mp.weixin.qq.com/s/jf5YW71i
GjShbUcsjJwrtQ.

（陈　弘）

第二节 共建共享共育理念
下的校地合作

校地合作指学校和当地政府或企业进行合作,可以使学校和地方建设协同发展,构建互惠共赢局面。共建共享共育理念下的校地合作,以共建共享共育理念为指引,充分激发学校、社会组织的育人功能,形成育人合力,构筑起"校地"协同育人新机制。

一、校地合作背景

习近平总书记在党的十八届五中全会提出共享发展理念。其中,共建共享是这一发展理念的重要方面,其内涵要义为:"全体人民在'共建'中各尽其能,在'共享'中各得其所。"[1]在教育部等十三部门联合印发的《关于健全学校家庭社会协同育人机制的意见》中提出,到2035年形成定位清晰、机制健全、联动紧密、科学高效的学校家庭社会协同育人机制。

共建共享共育理念下校地合作的实践教育是指遵循学生成长发展规律,以共建共享共育理念为指引,充分激发学校、社会组织的育人功能,形成育人合力,构筑起校地协同育人新机制,旨在培养学生自觉树立社会责任意识、集体观念,培养组织纪律性,增强参与志愿服务的心理能力与社会实践能力,在协同共建的同时,各主体教学理念相互影响,从而在教育目标、教育内容和教育方式上形成多方共享。构建一套学校、家庭、社会共同参与的全员育人综合机制,有利于解决学生成长中的问题,促进学生的自主发展。

二、校地合作实践

(一)开展志愿服务活动

高中学校在校地合作活动中可以通过开展志愿服务活动,充分发挥中学生在社会中的积极作用,服务于社会公益事业,展示当代中学生志愿者的风采。在开展志愿服务活动的过程中要整合校内外资源,创新实践途径,拓宽育人空间,充分发挥活动的育人功能。据统计,2022年上海市多所中学结合博雅网学生志愿者服务要求,定期组织学生深入社区、福利院、社会救助机构等开展志愿服务。

以上海市松江区第四中学为例,从2020年开始,松江四中与泗泾镇社区学校、泗泾镇学生社区实践指导站以及全镇各居委四方联动,开展了为期三年的万名老人"掌上行"行动。在活动中,松江四中的同学们化身"信息助力员",为社区里的老年居民和身边的老人讲解手机应用知识,辅导老人学会常用智能化应用服务。此次校地合作引领学生走出校门、走进社区,积极参与社会实践活动,使学生的视野和眼界得以进一步开阔,满足学生自主发展、个性发展的需求,让学生在社会大课堂中把志愿责任"担"起来、把志愿精神"扬"起来、把志愿作用"活"起来。

(二)传统文化进校园

全员育人的过程是"教书育人、管理育人、服务育人、环境育人"的有机统一,基本上涵盖了学生学习成长的全过程,对学生全面发展起到十分关键的作用。在共享共建共育理念下的校地合作,不仅鼓励学生"走出去",同时也欢迎社会资源"走进来"。

中华优秀传统文化是中华民族的"根",是最深厚的文化软实力,是新时代给予青少年健康成长的重要思想养分。近年来,很多学校在挖掘中华优秀传统文化的育人内涵方面,进行了探索。上海市第四中学邀请非物质文化遗产"阿六汤圆"的第二代传承人张永泉老师走进校园,指导同学们制作汤圆;上海市金鼎学校聘请第二批国家级非物质文化遗产项目灯彩(上海灯彩)代表性传承人担任灯彩社团教师,开展每周一次的灯彩社团活动;杨氏太极、形意拳等十余个项目进入华理学区各个学校长期传承。通过这些活动,同学们深刻感受到了中华优秀传统文化的丰富多彩、博大精深,增强了传承民族文化的意识。

（三）馆校合作新模式

在我国，馆校合作的历史由来已久。自 20 世纪五六十年代，我国的博物馆体系构建日趋完善，学校组织学生到博物馆中参观学习、接受爱国主义教育成了早期最简单、常见的馆校合作形式。但这样以学生参观为主、场馆讲解为辅的单一合作模式，使得很多学生体验过后感觉收获不大，最终让馆校合作成为一次性活动。

近年来，随着教育体制机制的深化改革，"普通高中学生综合素质评价"机制在多省市正式实施，馆校合作逐渐开启新模式。以上海为例，为了满足规模庞大的高中生群体的实践需要，在 2018 年，全市各类场馆和机构为学生们提供了 13 万个岗位，不仅满足了学生的实践需求，并且提高了展馆的接待能力，缓解了人员不足等问题。以上海市松江区第四中学为例，该校讲解员社团的同学们承担了马相伯故居和史量才故居的讲解工作。两所故居与学校进行了签约共建，以合同的形式明确了双方的责任和义务，保障活动长期健康发展。

二、校地合作思考

（一）现实困境

现阶段，校地合作的共建模式尚未有序形成。一方面，由于长期以来迫于应试教育的竞争压力，家庭教育和学校教育往往重视学生的知识培养，以至于中学生在成长过程中普遍缺乏实践观念和实践能力，导致学生在实践中的主动性不够，使得实践效果不佳。另一方面，校地合作缺乏制度保障。真正的校地合作应该是双方自愿、风险共担、优势互补、利益共享的，但对于如何共建校地实践基地，政府并没有制定明确的细则，也没有对合作主体的责任与权利作明确规定，也没有相应的经费支撑与制度保障，从而影响到合作共建的持续性。

（二）解决路径

全面把握共建共享共育的深层含义。学校在寻求校地合作的过程中，要结合学生的发展规律、实践能力和现阶段的需求，不要盲目追求校地合作的数量,要有效厘清为什么要进行共建共享、如何达成共建共享共育等议题,并将其正确理念传达给家庭、社会组织各主体,真正落实到中学生教育的全过程。同时,政府要做好顶层设计,加强相关制度保障,从而实现既定育人目标。在合作实践过程中,需要不断优化相关制度,保证共享共建共育理念下的校地合作与时俱进,推进合作共建持续化发展。

参考文献

[1] 董振华.共享:中国特色社会主义的本质要求[J].求是,2016(19).
[2] 燕连福.共享发展理念的深刻内涵及理论贡献[N].经济日报,2021-10-27.
[3] 马晓健.浅析服务于高中学生社会实践的馆校合作新模式——以"普通高中学生综合素质评价"为例[C].科技场馆科学教育活动设计——第十一届馆校结合科学教育论坛,哈尔滨,2019-08-24.
[4] 洪潇.中学生在社会实践活动中成长——综合素质测评背景下的中学生实践活动案例研究[N].马鞍山日报,2021-12-10.
[5] 韩职阳,祝木伟.共建共享理念下大学生劳动教育的价值意蕴及实践理路[J].白城师范学院学报,2023(2).

(郭　洁)

第三节　劳动教育实践机制

一、实施劳动教育的背景

(一) 国家政策要求,加强新时代劳动教育

2020年3月,中共中央、国务院发布《关于全面加强新时代大中小学劳动教育的意见》,明确提出要建立体现时代特征的劳动教育体系,广泛开展劳动教育实践活动。随后,2020年7月,教育部发布了《大中小学劳动教育指导纲要(试行)》,重点强调了培养社会主义建

设者和接班人所需的劳动精神、价值取向和技能水平,全面提升学生的劳动素养。

(二)学校发展愿景,五育并举融合育人

著名教育家叶圣陶先生曾坚信"处处是创造之地,天天是创造之时,人人是创造之人"。作为劳动教育的主阵地,学校应该整合优质社区街镇教育资源,加强劳动教育,实现树立道德标杆、增长智慧、强健体魄、增强美感的目标,从而促进融合育人。

(三)学生成长需求,彰显特色全面发展

美国教育家杜威曾有言,"教育即是生长""教育即是生活",强调"从实践中学习"的理念。在新时代,为满足学生全面发展的需求,我们需要创设与现实世界紧密相关的情境,帮助学生自然而然地生长和发展,助推青少年成为"博雅知识、善于学习、勇于探究、善于领悟"的全面发展之才,同时注重德智体美劳五育并举的教育目标。

二、实施劳动教育的基本原则

实践性原则。劳动教育应以动手操作为主。要求专兼职教师、班主任和各科教师要有机地结合学生所从事的劳动内容和项目,进行知识联系与渗透,使学生能够手脑并用,掌握知识、技能和技巧,并更好地端正劳动态度,培养浓厚的劳动兴趣。

综合性原则。根据劳动课的综合性特点,劳动课必须按思想教育、知识学习、技能训练三个要素对学生进行综合训练,提高学生综合素质。

迁移性原则。劳动教育的过程,是德、智、体、美、劳互相融合,知情意行和谐发展的育人过程。学生通过劳动教育将劳动转化为劳动态度,把劳动实践转化为劳动习惯,并内化为稳定的心理品质和劳动技能,从而形成能力和迁移。

量力性原则。劳动教育应该考虑学生身心发展的实际情况,选

择学生力所能及的无毒无害、无危险的劳动内容和项目,并严格控制劳动量和劳动时间,根据学生的年龄、性别和文化层次因材施教,根据各校的具体情况和条件因地制宜组织劳动项目,不影响教学与教育计划。

时代性原则。劳动教育内容丰富、范围广泛,但必须从适应社会发展的需要出发,更好地服务于新时代精神文明建设。因此,劳动教育应当创造学生参与社会服务的机会,培养学生的责任感和事业心,同时注重时代特征的反映和体现。

三、"五位一体"劳动教育的新路径

(一)融合生活,注重社会价值与个人价值的统一

文化来源于生活,劳动则是为了更好地生活,只有让学生学会劳动,并渗透在每个人的言行中,才能让他们获得美好的人生。

1. 走进社区,融入生活

积极为学生创造条件,带领他们走进社区和街镇,了解社区的文化特色。根据社区情况,让学生融入生活,体验劳动成果所带来的快乐;培养学生形成正确的劳动价值观,促进学生全面发展。

2. 互动体验,热爱生活

为了强化学生对身边生活的感受,学校可以积极与周边社区开展联谊活动,鼓励学生参与社区公益劳动等。在日常生活的互动过程中,让学生体验劳动的乐趣,培养学生热爱生活、热爱家乡、亲近自然的情感。

(二)学科渗透,坚持学校教育与劳动教育的统一

课堂是师生沟通的重要场所。学科教学中渗透劳动教育是实现劳动教育目标的主要渠道。

1. 依托课堂,学科渗透

在学校课程中,可落实每个年级每周一节劳技课,并让年级组制定教学计划及教案,老师们在教学中渗透劳动教育,有计划、有教案、有

总结。

2. 创设平台，参与劳动

如，可以建立一个集学习实践创新和农业技术示范于一体的创新示范基地，通过物联网系统、光伏提水系统、人工智能技术，开展种树、蔬菜种植、花卉培育等活动，为学生提供亲近自然、学习传统和现代农业技术的平台。在参与基地建设和劳动体验中，学生将获得德智体美劳全面发展，为未来立足社会做好准备。

3. 挖掘资源，提升实效

充分利用现有资源，根据学生的年龄特点和安全要求，加强实践体验，在劳动过程中让学生亲身体验，提高育人实效性。利用例如"快乐星期五""欢乐星期六"等主题活动，有针对性地实施劳动教育，让学生获得丰富的经历和体验，收获多多。通过这些方法，学校可以实现劳动教育和学科教育的有机融合，促进学生发展。

(三) 结合活动，坚持生活劳动、生产劳动与服务性劳动的统一

随着时代的变化，劳动教育的内涵也不断地丰富、发展、完善，学校与社区共同建设，启动校外基地建设。

1. 基于目标，分层设计

学校根据教育目标，针对不同年龄段、不同类型学生的特点，开发分层系列校本劳动教育课程。小学低年级注重劳动意识的启蒙，以校园劳动为主；小学中高年级注重劳动习惯养成，组织学生开展雏鹰假日小队活动；初中注重劳动知识和技能体验；高中注重劳动技能的较熟练掌握等，老师可以带领学生前往中职、高职学校，进行职业体验。通过多样的自创式劳动活动，激发学生的内在需求，为走向社会、立足社会做好准备，培养有责任、有担当的人才。

2. 家庭教育，劳动契机

鼓励学生在家中进行日常生活劳动教育，让学生自己的事情自己做，家里的事情帮着做，参与孝亲、敬老、爱幼等方面的劳动。针对学生的年龄特点和个性差异，布置洗碗、洗衣、扫地、整理等力所能及的家务。密切家校联系，让家长成为孩子家务劳动的指导者和协助者，形成

191

劳动教育合力。

（四）手脑并用，力求体力劳动和脑力劳动的统一

学校注重引导学生树立"劳动最光荣、劳动最崇高、劳动最伟大、劳动最美丽"的观念，鼓励学生将手脑并用，力求体力劳动和脑力劳动的统一。

1. 融合传统，创新特色

根据各地不同的传统文化特色项目，例如扎染、剪纸、土布贴画等，结合学校实际情况，创建独具特色的项目，并参与"传承非遗"实践体验活动，让学生了解悠久的历史文化，亲身感受宝贵的中华民间艺术。在专业辅导老师的指导下，学生将劳动成果制作成礼品，赠给来访的国内外友人。

2. 开发潜能，拓展思维

在掌握了传统民间艺术作品制作技艺的基础上，注意挖掘学生的劳动创造潜能，组织全校学生开展"巧手在行动"等各种活动，可以丰富学生的课余生活，锻炼他们的动手能力和创造性思维，促进学生相互沟通交流。通过亲手制作，学生不仅开发了创新型创造性劳动思维，也感受到劳动的愉悦感和成就感。

（五）整合实践，把握激励机制与评价体系的统一

坚持以立德树人为核心，培育和践行社会主义核心价值观，把劳动教育作为塑造学生人格的重要手段。并将其与素养整合，把握激励机制与评价体系的统一。

1. 全员参与，多样激励

以"培养学生具备一定劳动知识与技能、形成良好的劳动习惯、有能力开展创造性劳动"为核心目标，开展"新时代青少年，修身在行"学生劳动教育活动，促进学生全面发展。在劳动实践体验活动中，可以组织主题班会，及时分享劳动实践感受。注重激励机制，让每一位学生都有获得荣誉和奖励的机会，例如在升旗仪式上颁发优秀组织奖和优秀个人奖。

2. 注重养成,综合评价

倡导用发展的眼光看待学生,劳动教育的评价应注重激发学生的潜能,鼓励学生在实践中逐渐养成良好的劳动习惯,树立正确的劳动价值观和劳动态度,并不断养成与提升动手实践能力和创新发展能力等。通过建立学生家庭劳动宣传团,利用学校网站、微信平台等多种信息发布和宣传方式,使学生、家长和教师积极参与劳动教育活动。同时,应建立科学合理的评价体系,将学生的综合素质和劳动实践经历纳入考察范畴,以此激励学生成长为有责任、有担当的社会人才。

附件 1

劳动实践活动安全防范措施

为了让学生在劳动实践活动课程中得到应有的锻炼,提高素质,且保证学生的安全,制定以下防范措施:

一、对学生加强实践活动前的安全教育,增强自我保护意识,针对活动内容,拟定安全注意事项,予以活动前告知,做到安全组织与自我保护切实结合,以免意外事故发生。

二、对学生要真切关心,真切了解学生的身体状况及不宜参加劳动和活动的情况,给予相应的照顾和安排。

三、实践活动前进行检查,并教育学生不玩易燃易爆物品,不玩刀具、铁器等危险及伤人物品,不攀爬高、危、树、墙,不玩水等,避免危及安全的行为。

四、开展活动时,精心组织,有序安排,按预定方案进行,对学生进行不拥挤、不乱跑、不相互嬉闹等危及安全的行为教育,杜绝"放羊式"。

五、引导教育学生正确使用工具,正确地操作,以免给自己或他人造成伤害。教师必须先示范,有指导,有保护措施,教给学生正确的动作及技巧,防止意外受伤等问题发生。

六、备好各类外用常用药。

(顾 春)

第四节 "全员育人"模式下的
志愿服务机制

志愿服务是培育和践行社会主义核心价值观的重要内容,具有助人和育人的双重功能。文章以青少年学雷锋志愿服务活动为例,探讨了"全员育人"理念下的志愿服务活动,让学生在社会大课堂中受到有效的教育和滋养。

一、"全员育人"的背景及其意义

教育的核心在育人,育人的核心则在"生"。"全员育人"是指由学校、家庭、社会、学生组成的"四位一体"的育人机制。习近平总书记指出:"办好教育事业,家庭、学校、政府、社会都有责任。"在教育部等十三部门联合印发的《关于健全学校家庭社会协同育人机制的意见》中,提出到 2035 年形成定位清晰、机制健全、联动紧密、科学高效的学校家庭社会协同育人机制。教育涉及千家万户,要尊重教育规律,在政府引导下探索构建全员育人机制,发挥学校、家庭、社会各自优势,凝聚起强大育人合力。[1]

在育人方面,学校具有系统性、连续性、集中性的优势。一所学校的管理者和教师群体对于教育的理解,体现了学校品质的差异。学校在开展育人工作时,要始终站在时代的前沿,与国家教育发展高度契合,体现国家发展和民族振兴对人才培养的要求。学校育人要紧扣立德树人根本任务,培养德智体美劳全面发展的社会主义建设者和接班人。

家庭是人生的第一所学校,家长作为孩子的第一任老师,要发挥好独特优势,坚持以身作则、言传身教,培育向上向善的家庭文化,积极传承优良家风,弘扬中华民族家庭美德,构建和谐和睦家庭关系,为子女健康成长创造良好的家庭环境,帮助孩子扣好人生的第一粒扣子。

社会教育是通过学校以外的社会文化教育机构对青少年和人民群众进行的教育。推动社会资源开放共享,推动社会资源支持和参与思想政治教育,专业社会组织、公共服务机构等应深挖育人元素,搭建育人平台,提供高质量的公共产品和服务,促进学生身体健康,增强社会责任感,共同担负学生成长成才的责任。

育人是全方面、多要素构成的统一整体。在具体开展育人工作时,需要各要素之间相互联系,构建一套学校、家庭、社会共同参与的全员育人综合机制,有利于解决学生成长中的问题,促进学生的自主发展。

二、新时代志愿服务育人体系

志愿服务是培育和践行社会主义核心价值观的重要内容。党的十八大以来,国家高度重视志愿服务事业的发展。习近平总书记在致中国志愿服务联合会第二届会员代表大会的贺信中强调,各级党委和政府要推进志愿服务制度化常态化,为实现"两个一百年"奋斗目标贡献力量。习近平总书记的谆谆寄语是中国特色志愿服务新的使命和追求。[2]中国青年志愿者协会副会长谭建光教授在对中国青年志愿者的历史进行回顾时提出,志愿服务具有助人和育人的双重功能,青年志愿者在为他人幸福和社会进步提供帮助的同时,也获得了思想道德的教育和个性人格的完善。[3]

当下中国社会正处于转型与变革的阶段,在城市化不断推进的过程中,大量社会事务开始向社区转移,社区逐渐成为基层社会治理的重要场所。现今,社区已经搭建了较为完善的社会治理框架,社区志愿服务工作也随之蓬勃开展,成为基层社会治理稳步推进的重要标志之一。但是伴随着社区人口的不断增加,各类新问题的不断涌现,社区工作人员在数量、精力与能力方面存在一定局限,对社会事务和公共服务的承接能力有限,亟须外界提供有力的支持。青少年学生的加入既能够为社区工作提供人力资源,提供力所能及的帮助,同时又能参与志愿服务活动,发扬奉献、友爱、互助、进步的精神,培养责任意识和担当精神,在潜移默化中获得了成长和蜕变。

可以说,青少年参与志愿服务既是国家治理体系与治理能力现代化建设的需要,也承载了落实"全员育人、全程育人、全方位育人"的基本要求。

三、新时代学雷锋志愿服务机制

我国志愿服务起源于 20 世纪 60 年代开始的学雷锋活动。1993年底,共青团中央发起并实施中国青年志愿者行动,它是社会主义时代精神的弘扬。2000 年起,共青团中央将每年的 3 月 5 日定为"中国青年志愿者服务日"。雷锋精神和志愿服务紧密相连,雷锋精神在新时代展现出强大的影响力。近年来,国内多所中学开展学雷锋志愿服务活动,鼓励学生学习雷锋精神,用实际行动弘扬"奉献、友爱、互助、进步"的雷锋精神,传播志愿者爱心,营造和谐融洽的校园氛围。

(一)健全机制,实现全员参与

建立健全科学的志愿服务机制,是促进新时代学雷锋志愿服务健康持续、又快又好发展的根本保证。学生志愿服务作为一种德育工作方式,在实践中,学校要认真贯彻落实习近平新时代中国特色社会主义思想,坚持培育和践行社会主义核心价值观,坚持把培养担当民族复兴大任的时代新人、弘扬共筑美好生活梦想的时代新风作为出发点和落脚点,推进未成年人学雷锋志愿服务制度化、规范化、常态化。强化未成年人的责任意识和奉献意识,营造向上向善的良好风尚,争取未成年人学雷锋志愿服务参与率 100%。

(二)规范管理,加强队伍建设

2017 年 8 月 22 日《志愿服务条例》正式公布,首次以行政法规的形式明确了志愿服务发展的方向和原则、确立了志愿服务的管理体制、保障了志愿服务有关主体的合法权益、全面构建了促进志愿服务发展的政策体系和支持措施,为我国志愿服务事业健康发展提供了基本遵循和法治保障。在中学开展学雷锋志愿服务,活动初期学生们往往热情洋溢,但随着时间的推移以及实践中遭遇的困难,部分学生逐渐产生畏难情绪和懈怠情绪,为此学校要规范管理制度,加强学校志愿者队伍建设,保证活动有效进行。学校制定的管理制度应该包括志愿者准入条件、志愿者网上注册、志愿时长和学分、志愿者的权利和义务以及奖励表彰制度。

（三）整合资源,丰富志愿形式

通过开展丰富多彩的学雷锋志愿服务活动、网络志愿服务行动,展示当代志愿者的风采。在开展过程中应整合校内外资源,创新实践途径,拓宽育人空间,充分发挥志愿服务活动的育人功能。据统计,2022年上海市多所中学结合博雅网学生志愿者服务要求,定期组织学生深入社区、福利院、社会救助机构等开展志愿服务,引领学生走出课堂、走出校门,积极参与社会实践活动,使学生的眼界得以进一步开阔,满足学生自主发展、个性发展的需求,让学生在社会大课堂中把志愿责任"担"起来,把志愿精神"扬"起来,把志愿作用"活"起来。

四、结语

"全员育人"理念下的志愿服务,要有效整合校外教育资源,既要发挥学校的引导作用,也要充分利用好社会资源,不断加强学校教育与社会教育之间的合作,实现两者资源的优势互补。丰富青少年志愿服务的形式,形成全员参与、全方位共同参与的模式,从而充分调动青少年参与志愿服务的积极性和主动性,增强学生的社会责任感和社会适应能力,从而促进其德、智、体、美、劳全面发展。

参考文献

[1] 习近平.弘扬奉献友爱互助进步的志愿精神,以实际行动书写新时代的雷锋故事[N].人民日报,2019－07－25.
[2] 郭克楠,周堃,尹小虎.新时代高校社区志愿服务育人路径的探索与实[J].青

少年研究与实践,2022(1).

[3] 谭建光.论青年志愿服务的"双功能":助人与育人[J].中国青年社会科学,2020(2).

(郭　洁)

第五节　研学旅行活动机制

随着我国教育进入新时代,单纯的课堂教学难以适应新时代教育发展要求,迫切需要创新学生学习实践方式,研学旅行就是在此背景下出现与发展起来的,逐渐成了全社会都越来越认可的教育载体。2013年,国务院办公厅印发了《国民旅游休闲纲要(2013—2020年)》,提出"逐步推行中小学生研学旅行"的设想。2014年,国务院印发《关于促进旅游业改革发展的若干意见》,明确规定将研学旅行纳入中小学生教育计划。2016年,教育部等十一部门联合印发《关于推进中小学生研学旅行的意见》。2017年,国务院印发《国家教育事业发展"十三五"规划》,提出制定中小学生综合实践活动指导纲要,注重增强学生实践体验,鼓励有条件的地区开展中小学生研学旅行和各种形式的夏令营、冬令营活动。研学旅行日益成为学校综合实践育人的新途径、学生发展核心素养的新方法,因此,构建科学、完备、高效的研学旅行活动机制非常重要。

一、研学旅行的意义与现状

(一) 研学旅行的意义

1. 研学旅行的内涵

研学旅行是由教育部门和学校有计划地组织安排,通过集体旅行、集中食宿方式开展的研究性学习和旅行体验相结合的校外教育活动,是学校教育和校外教育衔接的创新形式,是教育教学的重要内容,是综合实践育人的有效途径。

2. 研学旅行的作用

研学旅行的思想我国自古就有。古语云："读万卷书,行万里路。"孔子周游列国讲学,李白游历山水时写下传世诗篇,徐霞客用脚丈量山河后写下《徐霞客游记》。研学旅行是新时代教育的新发展,它将校内的书本知识与校外的真实场景对照、贯通,在行走中探索、在社会中实践,以知促行、以行增知。

(1)有利于学生身心健康发展。通过研学旅行,学生走出校园、走进自然、走入社会。在行进中,增强身体素质,锤炼品格;在解决现实问题时,锻炼独立自主能力;在团队协作中,提高合作意识和协作能力,收获友谊;在分享成果时,提升信心与幸福感。

(2)有利于学生发展核心素养。2016年《中国学生发展核心素养》发布,指出学生发展核心素养是指学生应具备的,能够适应终身发展和社会发展需要的必备品格和关键能力,是关于学生知识、技能、情感、态度、价值观等多方面要求的综合表现。以培养"全面发展的人"为核心,分为文化基础、自主发展、社会参与3个方面、18个基本要点。研学旅行作为一种综合实践育人途径,直接指向学生核心素养,它包含实践、探究、合作、反思等环节,进行跨学科的知识整合和重构,塑造学生的实践能力、个性品质、创新精神和社会责任感,促进学生全面发展。

(3)有利于打造校家社育人圈。学生的全面发展,需要家庭教育、学校教育和社会教育协同育人、融合育人。研学旅行的顺利开展,离不开学校、家庭和社会的协调与配合,校内资源和校外资源的衔接与贯通。三方只有目标统一、优势互补、步调一致、协调发力,才能为学生的健康成长、全面发展保驾护航。

(4)有利于践行教育初心使命。新时代教育要始终坚持立德树人根本任务,坚守为党育人、为国育才使命,培养具有社会主义核心价值观的、德智体美劳全面发展的社会主义建设者和接班人。研学旅行可以组织学生沉浸式感受祖国大好河山、中华优秀传统文化、红色革命圣地、改革开放巨变,通过全景式考察、体验、研究、创新,激发学生对党、对国家、对人民炽热的家国情怀,形成正确的世界观、人生观、价值观,坚定"四个自信",为实现中华民族伟大复兴的中国梦而奋斗。

（二）研学旅行的现状

随着我国经济的快速发展和人民生活水平的不断提高,国家对研学旅行日益重视,规定:"学校根据教育教学计划灵活安排研学旅行时间,一般安排在小学四到六年级、初中一到二年级、高中一到二年级,尽量错开旅游高峰期。学校根据学段特点和地域特色,逐步建立小学阶段以乡土乡情为主、初中阶段以县情市情为主、高中阶段以省情国情为主的研学旅行活动课程体系。"在政府、学校、家庭、企业、机构的共同努力下,充分利用我国丰富的旅游资源,积极推动研学旅行快速开展。截至 2020 年,我国有 280 个 5A 级旅游景区;截至 2021 年,我国有 56 个项目被列入《世界遗产名录》,位居世界第一;2018 年,我国有 377 个"全国中小学生研学实践教育基地",26 个"全国中小学生研学实践教育营地"。《中国研学旅行发展白皮书 2019》数据显示,据不完全统计,2019 年主要参与研学旅行业务的企业有 7 300 多家。研学旅行的类型也日益丰富,主要有自然考察类、人文历史类、红色教育类、科技创新类、职业导航类等。

研学旅行在快速发展的过程中,也暴露出一些问题,需要引起我们的重视与改进。

1. 研学深度不够

由于时间和成本等原因,研学旅行暴露出"只旅不学""只学不旅"等问题,也出现了"重旅轻学""重量轻质"等现象,学生在旅途中疲于奔波,打卡式学习,蜻蜓点水、浅尝辄止,缺乏系统性,没有开展比较深入的研究体验,导致学生记不住、忘得快、收获少,甚至与学校组织的春秋游没有太大区别。

2. 同质化严重

由于组织单位没有对研学旅行目的地的特色亮点和教育价值深入挖掘、系统设计,导致一些研学旅行虽地点不同、主题相异,但是研学内容和活动方式非常相似,甚至相同,同质性明显。此外,由于旅行目的地的接待能力参差不齐,无法满足学校和学生的个性化需求,研学旅行的线路和方式比较单一,导致虽然学校和学生不同,但是研学内容和成果重复率较高。

3. 研学质量不高

目前组织研学旅行的主要是旅行社或者培训机构,由于他们的从业人员水平差异较大,对学生的认知水平与特点缺乏科学精准了解,导致旅行社或者培训机构开发、设计的研学课程和内容存在针对性不强、错误率较高、教育引领不够等问题。

4. 学生参与度不平衡

目前,研学旅行的大部分费用甚至全部费用都是由学生家庭承担,如果研学旅行次数较多、路程较远、时间较长、家庭子女较多,不少家庭特别是困难家庭难以承受相关费用,从而造成不同家庭状况的学生参与研学旅行的程度不平衡。

二、构建完善的研学旅行机制

(一) 学校党组织全面领导

教育是国之大计、党之大计。党的十九大提出,"坚持党对一切工作的领导"。党的二十大报告指出,"全面贯彻党的教育方针,落实立德树人根本任务,培养德智体美劳全面发展的社会主义建设者和接班人"。这就要求我们坚持以习近平总书记关于教育的重要论述为指导,坚持立德树人,为党育人、为国育才,始终把牢正确的办学方向。在研学旅行方面,党组织同样也要发挥全面领导作用。

1. 把好思想政治方向

研学旅行对学生的思想观念会产生不容忽视的影响。成功的研学旅行,会激励学生坚定不移听党话、跟党走,立志做有理想、敢担当、能吃苦、肯奋斗的新时代好青年,让青春在全面建设社会主义现代化国家的火热实践中绽放绚丽之花。因此,学校党组织要严格把好研学旅行的思想政治方向,在研学旅行的策划、选址、日期、内容、形式、成果展示等各个重要环节严格把关。

2. 发挥党员先锋作用

研学旅行引导学生从书本走向生活、从学校走向社会、从分科学习到跨学科学习的过程中,必然会遇到许多新挑战,这不仅要求学校规划细致周全,也要求教师及时调整创新。因此,党组织要充分调动党员的积极性、主动性和创造性,让党员在研学旅行的全环节、全过程中起到模范带头和政治保障作用,带领师生取得研学旅行的良好效果。

3. 整合政校家社力量

要确保研学旅行的顺利开展,学校党组织应该充分调动、整合政府、学校、家长、社会等四方力量,发挥各自优势和特点,有机融合。学校党组织指导学校负责部门做好以下几项工作:一是及时了解政府关于研学旅行的相关政策、经费、保障等,并进行前期联系沟通;二是召开行政会议、大队部(学生会)会议、年级组会议、教研组会议、家委会会议,凝聚师生、家长的共同智慧,初步形成活动方案;三是与社会机构、企业进行洽谈,对活动方案进行完善;四是校务会议审议,党支部委员会会议决定。

(二) 学校相关部门有序组织

1. 成立研学旅行工作组

在学校党组织的领导下,学校成立研学旅行工作组,书记和校长为组长,分管校领导为副组长,组员包括学校相关行政部门负责人、相关年级组长、相关教研组长、家委会委员。

2. 向上级了解政策、经费、保障等相关规定与要求

工作小组组长和学校相关部门应向上级咨询研学旅行的相关政策、经费使用规定、服务保障等方面的信息,确保研学旅行合法合规合理开展。

3. 充分融合校家社资源规划研学旅行

工作小组通过召开行政会议、党员会议、年级组会议、教研组会议、家委会会议、校家社联席会议等系列会议,以及对相关场所的考察、调研,提交若干候选方案,内容包括目的地、活动时机、活动内容、研学课题、预期效果、经费保障等,要充分考虑挖掘重要庆典节日、纪念日的教

育契机、目的地的教育价值，从而达到指向学生核心素养、学习贯彻习近平新时代中国特色社会主义思想、"五育并举"地培养德智体美劳全面发展的社会主义建设者和接班人的教育效果。工作小组将若干候选方案提交校务会议和党组织会议审议、决定。

4. 充分凝聚党员、教师、学生的智慧

工作小组召开党员会议、教师会议、学生会议，征询党员、教师和学生对方案的完善意见，并及时与执行企业或机构进行沟通。

5. 安全、有序地组织开展研学旅行

工作小组要制定严密的安全措施，开展行前的教师和学生培训，合理组织安排师生，明确研学课题任务，与执行企业或机构一起安全、有序地组织开展研学旅行，及时进行过程性的阶段总结，发现问题，及时整改。

（三）多元评价、展示学生研学成果

工作小组要组织教师对学生研学成果进行指导和多元评价，还可以适当引进高校、研究机构、艺术家等高端学术资源参与其中。研学成果可以是课题报告、文创产品、话剧小品、艺术作品等。对于优秀作品，可以在年级大会和家长会上进行表彰和展示、展演，有条件的可以通过媒体进行宣传报道，或者进行公益拍卖、推广。

案例　上海市龙苑中学"丹心碧血荐轩辕"红色研学旅行方案

一、指导思想

深化四史教育、增强国防意识、传承红色基因、厚植家国情怀

二、成立工作小组

组　　长：党支部书记、校长

副组长：分管副校长

组　　员：学生发展中心、教师发展中心、六年级组长、各教研组长、学校家委会

三、任务分工

1. 工作小组组长向上级咨询研学旅行的政策、经费、保障等相关规定与要求，根据学校工作计划，与学生发展中心、教师发展中心、服务

保障处进行商议,形成研学旅行的初步设想。

2. 工作小组组长与研学旅行的候选目的地单位负责人联系,并与相关机构或企业进行洽谈,最终确定研学旅行目的地是龙华烈士陵园,围绕纪念九一八事变开展主题活动。

3. 学生发展中心负责联系相关企业、派出所等社会单位,确定研学路线、设计和印刷《任务手册》、学生研学作品、活动展演等,指导年级组长安排研学小组与导师结对。

4. 教师发展中心负责安排教研组长组织教师提供课题和指导结对研学小组,形成最后的课题报告或作品。

四、具体安排

1. 国防教育暨徒步旅行

(1) 学生发展中心举行徒步行军出征仪式,阐明活动意义,传承长征精神。

(2) 以班级为单位行军,在班主任带领下,沿着指定路线,徒步行军 3 公里,到达龙华烈士陵园。

2. 研学开展阶段

(1) 在导师前期的指导下,研学小组在目的地开展实地调查研究和考证等工作。

(2) 教师分阶段对研学小组课题进行指导点评,指明推进方向,最终形成课题报告或作品。

3. 表彰展示阶段

(1) 工作小组组织优秀教师评审课题成果,予以等第认定。

(2) 工作小组举办仪式表彰优秀研学小组,并进行优秀作品的展示和交流。

(钟北京)

附录一

高中"青马工程"实践探索[*]

——以上海市南洋模范中学为例

陈宏观

[摘　要]　高中阶段是学生世界观、人生观、价值观形成的关键时期,也是"青马工程"早期育苗的重要环节。上海市南洋模范中学在"青马工程"实践探索中坚持党建引领,形成了"亮青锋,红色基因代代传"的实践主题,建立了"党建双覆盖、共建双联动、区校双扶助、团建双行动"的工作机制,总结出育德为先、育心为本、育人始终的"育德育心育人三融合"经验。以"青马工程班"为标杆,引导学生学好中国化时代化的马克思主义,牢记毛泽东对南模学子"青锋"的勉励,坚持以习近平新时代中国特色社会主义思想为指引,开展理论学习实践活动,坚定历史自信,增强历史主动,争做担当民族复兴大任的青年先锋,让红色基因、革命薪火代代传承。

[关键词]　高中;"青马工程";党建引领;工作机制

"青年马克思主义者培养工程"(以下简称"青马工程")是 2007 年由共青团中央启动的一项人才培养工程,目标是为中国共产党培养信仰坚定、能力突出、素质优良、作风过硬的青年政治骨干。2013 年,"青马工程"被纳入马克思主义理论研究和建设工程。从全局来看,"青马工程"的重点对象是高校、国企、农村、社会组织等领域 18—35 周岁的青年党员或团员中的入党积极分子。高中阶段(16—18 岁)是学生世界观、人生观、价值观形成的关键时期,如果在这一阶段打好了基础,后续将事半功倍。因此,各省市团委在实施"青马工程"过程中高度关注

＊　本文发表于《青年学报》2022 年第 6 期,作者时任上海市南模中学党委书记。

"早期育苗",鼓励基层创新,支持"青马工程"从高校延伸至高中阶段。

　　上海是中国共产党的诞生地,是中国共产党人的初心始发地,上海的学校应当在高中阶段"青马工程"实践探索上勇当先锋。2010年前后,上海市徐汇区部分高中在徐汇区教育工作党委的指导和共青团徐汇区委的牵头支持下,开始了高中阶段"青马工程"实践探索。上海市南洋模范中学(以下简称"南模中学")就是其中之一。本文以南模中学为例,分析高中阶段"青马工程"的工作机制与方法举措,为高中阶段推进实施"青马工程"提供参考和借鉴。

一、南模中学实施"青马工程"的历史渊源与实践历程

　　南模中学源自南洋公学外院、中院,自"教育救国"而生,是红色底蕴深厚的百年名校。学校是新中国成立后上海的首批重点中学,全国文明单位,校友中有老一辈无产阶级革命家陆定一、无产阶级杰出的文化战士邹韬奋,陈虞钦、方能济、赵有国等九烈士,135位地下党员,还有"歼八之父"顾诵芬等37名两院院士,入选"改革开放40周年100名杰出贡献人物"的王选、厉以宁、姚明。4万余南模学子爱国荣校,为新中国成立、社会主义建设作出了卓越贡献。新时代,南模中学有责任、有义务在为党培养信仰坚定、能力突出、素质优良、作风过硬的青年政治骨干上走在前、做表率。

　　早在20多年前,南模中学就开展了青年政治骨干培养实践。世纪之交,上海市各高校普遍成立了"邓小平理论研究会"。2001年,在共青团上海市徐汇区委员会的牵头下,南模中学党委将区内上海交通大学、上海师范大学等高校的"邓小平理论研究会"资源引入学校的青年党校,和党章学习小组相结合,建立了"邓小平理论研究会",引导优秀学生骨干加强理论研究,走向社会开展实践。2007年,共青团中央启动了"青马工程",南模中学将"邓小平理论研究会"更名为"青马工程培训班",定期向徐汇区教育系统"青马工程培训班"输送学员。

　　南模中学党委在推动实践工作中认识到:"青马工程"是青年学生思想政治引领的重要抓手,应当作为校园红色文化建设的重要组成部

分,建立规范化实施机制,带动学校德育工作,全员、全过程、全方位育人。作为具有红色基因的示范性高中,南模中学着眼于培养社会主义合格建设者和可靠接班人,不断探索"青马工程"的"预科"段培养教育工作,提前实践、率先实践。近年来,学校以"亮青锋,红色基因代代传"为主题,育德育心,广泛开展红色教育,分类培养、分步实施"青马工程",取得了明显成效。

2022年,学校全面落实党组织领导的校长负责制,构建"党组织领导、校长负责、多方参与、全员育人"的治理格局,进一步推进"青马工程"实施,确立了"亮青锋,红色基因代代传"的"青马工程"主题。"亮青锋",就是引导学生学习中国化时代化的马克思主义,争做担当民族复兴大任的青年先锋;"红色基因代代传",就是建立工作机制,开展系列活动,让红色基因、革命薪火代代传承。

二、南模中学实施"青马工程"的工作机制

党的二十大报告指出:"马克思主义是我们立党立国、兴党兴国的根本指导思想。实践告诉我们,中国共产党为什么能,中国特色社会主义为什么好,归根到底是马克思主义行,是中国化时代化的马克思主义行。拥有马克思主义科学理论指导是我们党坚定信仰信念、把握历史主动的根本所在。"[1]这是"青马工程"的重点学习内容。高中阶段不仅要教学生学,还要创设情景,让学生在学习中体会、在实践中感悟,引导他们形成正确的世界观、人生观、价值观。

南模中学在多年的"青马工程"实践探索中,以党建为引领,为学生引路,逐步形成了"亮青锋,红色基因代代传"实践主题,建立了"党建双覆盖、共建双联动、区校双扶助、团建双行动"的"四双"育人法工作机制。同时,以"青马工程班"为标杆,开展理论学习实践活动,引导学生学好中国化时代化的马克思主义,牢记毛泽东对南模学子"青锋"的勉励,坚持以习近平新时代中国特色社会主义思想为指引,坚定历史自信,增强历史主动,争做担当民族复兴大任的青年先锋,带动学生共同进步,让红色基因、革命薪火代代传承。

（一）坚持党的全面领导

坚持党管青年原则，学校党委"把青年工作作为战略性工作来抓，用党的科学理论武装青年，用党的初心使命感召青年"[2]，牢记习近平总书记关于"教师是立教之本、兴教之源，承担着让每个孩子健康成长、办好人民满意教育的重任"[3]的嘱托，坚持"做青年朋友的知心人、青年工作的热心人、青年群众的引路人"[4]。学校党委将党的基本理论、基本路线、基本方略贯穿"青马工程"实施的各领域和全过程，以党建带团建，以教师党建带师德师风建设，以课程思政为抓手，以"为党育人、为国育才"为目标，培育"坚定不移听党话、跟党走，怀抱梦想又脚踏实地，敢想敢为又善作善成"，"有理想、敢担当、能吃苦、肯奋斗"的新时代好青年[5]。

党史学习教育是带领学生理解红色文化、传承红色基因的重要方式。2020年，学校党委在全校范围内开展了以党史教育为重点的"四史"学习教育活动。2021年是建党100周年、南模中学建校120周年，学校党委把党史学习教育的重点放在红色基因的传承上，融入学校立德树人根本任务中，让师生真正学懂弄通"中国共产党为什么能、马克思主义为什么行、中国特色社会主义为什么好"这三个问题。

（二）凝心聚力共发展

在学校党委的领导下，南模中学凝心聚力，在培养青年政治骨干的目标与理念上达成共识、形成合力，主要表现在如下方面。一是观念上的认同，创新治理机制，利用区域化党建平台，凝心聚力，实现价值观认同。二是育德育心结合，将思想政治教育和育人目标、办学目标、办学理念紧密结合，德智体美劳五育融合。三是工作方式创新，形成"党员管理→教职工党员凝心聚力→全体师生价值认同→学校治理"的工作路径，党组织把方向、管大局、保落实，体现学校的全员、全方位、全过程育人，赢得全体师生的支持。四是资源汇集融合，集聚校内外资源，将思想政治教育的资源库延伸至多领域。从全社会关心、支持未成年人思想道德建设角度出发，用好区域化大党建资源，形成整体合力，将立德树人落到实处。

（三）创新职能部门设置

参照高校设立党委教师工作部对接"青马工程"建设的经验,南模中学设立了党委教师工作部,与教务中心合署办公。其工作职能是加强师德师风建设,不断改进课程思政工作,切实履行办学治校政治责任,为更好地落实立德树人根本任务、实现"为党育人、为国育才"的教育使命提供坚实的队伍保障。学校将政治标准、师德考核贯穿教育教学、课题研究的全过程、各环节。党委教师工作部协同教师发展中心等学校其他行政部门共同提升教师的德育意识和课程思政能力,充分挖掘各类课程的思想政治教育资源,推动构建全员、全课程的"大思政"教育体系;工作侧重于教师的"课程育人、文化育人、协同育人",侧重于思想政治教育与专业知识教育"两张皮"问题的解决;侧重于其他各类课程与思想政治理论课同向同行育人格局的形成。

（四）建立"党建双覆盖"网络

校党委设立年级党支部和学科党小组,纵横覆盖成网络,在面上实现支部建在年级组,带动学科组与研究室在"青马工程"中发挥主体作用,推进课堂思政;在条上实现党小组"扎"在学科组,推进课程思政。从学科核心素养入手,推动习近平新时代中国特色社会主义思想进课堂、进头脑。校党委与校内的民盟、民进支部共建,形成党委领导、民主党派支部同心同向的格局,高举中国特色社会主义伟大旗帜,贯彻好党的教育方针,推动学校高质量发展。

（五）形成区校共育机制

在区域化党建格局下,南模中学突出核心目标,把理想信念教育放在首位,坚持用党的科学理论武装青年,引导学生树立共产主义远大理想和中国特色社会主义共同理想。学校和共建单位合作,共同扶助、关心未成年人成长,给"青马工程"提供广阔的实践空间,形成"区校双扶助""共建双联动"的区校共同培育机制。学校与枫林街道等 67 个社会实践基地签约,组织志愿服务,使每一名高中学生都能够高质量超额完成 40 小时、60 学时的志愿服务课时要求。在共享资源的基础上,高中全面辐射带动初中。内引外联,积极构建学校、社区共同育人的大环境,着力打通一二三课堂育人"内循环"、校内外育人"中循环"和网上网下育人"大循环"。学校党委引导学生参与党史学习教育,共青团"学党史、强信念、跟党走"主题教育和"红领巾心向党"实践活动,组织对老干部、老战士、老专家、老教师、老劳模"五老"的寻访活动。学校团委、学生会开展"团建双行动",组织团建活动、志愿服务,使学生在实践中认同、在行动中尽责。

（六）"大思政课"教学强基础

在区校共育机制下,南模中学的"大思政课"教学为"青马工程"打下了扎实根基。教师的课程思政润物无声、"融盐于水"。遵循不同学段学生的认知规律,善于用故事阐释道理、用细节打动人心,充分用好上海红色资源和改革开放场景,充分运用网络平台和新技术手段,不断提升思政课程、课程思政的亲和力、感染力和针对性、实效性,带动学科组在高考中考改革主战场上发挥全员、全过程、全方位的育人作用,让各类课程与思想政治理论课同向同行,形成协同效应。二者互为补充、相互促进,成为学校和谐奋进和改革攻坚的"双核动力"。

在校内,南模中学打造"校史课堂",创作排演《青锋从军》等剧目,将红色故事和革命事迹打造成"红色校史"课程,开展"沸腾吧,民族血液"吟诵会,推出一批校史微课、一系列校本跨学科中国精神思政微课。在校外,南模中学推动"实景课堂",以天平、龙华、斜土等街道的社区资源为主体,引导学生在全市657处革命历史遗址遗迹和329个市、区级爱国主义教育基地等进行红色寻访。用好"数字课堂",综合运用青少年乐于接受的VR、AR、RAP和动漫等载体形式,参与有营养、有滋味、有风景、有活力的思政课堂,让党史课堂"时尚"起来。班子成员带头,党团员教师都投身于"四史"学习教育,参与"党课开讲了"视频录制,民主党派教师积极参加"咏流传"唱红歌活动,等等,形成了用红色精神团结人、感染人、教育人的红色教育氛围。

（七）党建带团建出精品

在校党委的统一领导下,学校团委和年级党支部合作,在组织挑选和个人报名相结合的基础上,每年选拔优秀团员青年进入学校"青马工程班"学习。

一是政治塑魂,着力培养马克思主义的坚定信仰者。在制度机制上,校党委班子常态化参与"青马工程"培养,带头上课,与学员进行座谈交流;集中做好党、团、队组织一体化建设,进一步坚定青年学生跟党走中国特色社会主义道路的信心和决心。在内容上,设计符合青年学生特点、科学合理的马克思主义理论课程体系,分年级由年级党支部和团委共同实施。与思政课程相衔接,突出习近平新时代中国特色社会主义思想的主体地位,打造涵盖马克思主义经典原著篇章通读、毛泽东思想和中国特色社会主义理论体系教育、习近平新时代中国特色社会主义思想教育、"四史"教育、社会主义核心价值观教育以及入党志愿书书写等8单元15课时的"青马工程"课程体系。

二是日常养成,着力培养马克思主义的践行者。引导学生注重自我修炼,将理论认识和日常学习工作相结合。紧扣时政热点,注重仪式教育,师生集中收看建党百年纪念活动、十年教育成果新闻发布会等重要活动实况转播;邀请复旦大学等高校专家学者,引入中国共产党第一次全国代表大会会址纪念馆设计师邢同和等校友资源,就党的创新理论、重大政策以及社会热点开设专题报告会;通过承办"区政助理"等活动,组织学员对身边经济社会发展的重要问题开展调查研究;充分发挥实践辅修课程的巩固深化作用,带领学员赴龙华烈士陵园、中国共产党第一次全国代表大会会址纪念馆等地进行现场教学。开发实践教学课程,形成行走徐汇、行知上海的研学旅行课程和图谱,发挥好实践教学基地的功能。同时,利用团学活动平台,注重做好经验分享,引导学员把小我融入大我,激发奋斗动力。

三、南模中学实施"青马工程"的经验总结

南模中学在实施"青马工程"中,构建了行之有效的育人机制,形成了育德为先、育心为本、育人始终的"育德育心育人三融合"的育人经验。

（一）育德为先，把准前进方向，让有信仰的人讲信仰

习近平总书记在学校思想政治理论课教师座谈会上的讲话中指出："让有信仰的人讲信仰。"[6]这是新形势下做好思想政治理论课的前提，是从思政课程向课程思政拓展的关键。一是打造"党员教师进课堂"的精品思政课项目。学校充分发挥课堂教学主渠道作用，党史教育、爱国主义教育进课堂、进头脑。持续开展"党员教师进课堂"主题活动，由年级支部具体组织实施，每次 30 位党员教师进入所有的班级课堂现场授课。学校结合重要的红色历史时间节点，组织党员教师集体备课，讲以伟大建党精神为源头的中国共产党人的精神谱系，有机融入金山第一位共产党员李一谔、五卅运动英烈陈虞钦、领导福建长乐革命斗争的陈大鸥、抗美援朝英雄方能济、中越边境自卫反击战英雄赵有国等烈士校友的爱国主义事迹，向学生展现中国共产党百年奋斗的重大成就和历史经验，构建爱国主义教育与学科知识体系教育相统一的育人机制。二是全员动员，开展课程思政。充分挖掘校史资源，结合校园文化建设，强化爱国主义教育在校园建设中的功能，鼓励党员教师带头指导思想政治教育实践性课题，形成"人人都是德育工作者、人人都是生涯导航师、人人都是党的教育政策宣讲员"的氛围。

（二）育心为本，尊重成长规律，"一朵云推动另一朵云"

教育要尊重孩子的身心成长规律，因势利导、润物无声。学校致力于延续历史文脉、传承红色基因，不断丰富党史教育、德育活动的形式和内容，在教育教学实践中实现"一棵树摇动另一棵树，一朵云推动另一朵云，一个灵魂唤醒另一个灵魂"。学校将党史教育内容融入日常校园活动，推动跨越时空的系列对话活动，激发家国情怀。

一是不断挖掘校训校歌校史的爱国主义教育功能。在新生入学的校史教育中，学生要品读校歌、学唱校歌，从校歌中感受南模中学发展与中华民族发展息息相关的命运。深入研究并挖掘校训的内涵，以校训为载体，把践行"青锋精神、模范追求"的南模中学精神观内化于心、外化于行，使校训成为学生心目中的文化符号。通过开设"校训的故事"团训专栏，讲述一个又一个生动的故事。在南模集团内创新实施

党、团、队组织一体化培养,增强党员对团员、团员对队员的"传、帮、带"作用。高中"青马工程班"的优秀学员带领班级内其他团员完成社会实践、志愿服务、红色研学等相关学习实践活动,高中的优秀团员以志愿者的身份带领初高中入团积极分子、初中队员完成相关的团课学习和实践活动等。

二是不断开发校外爱国主义教育资源的功能。以"青马工程班"为龙头,搭建南模教育集团内的初高中文化资源、实践资源共享的平台,实现中华优秀传统文化、革命文化和社会主义先进文化的一脉相承,从而将初高中组织化育人落到实处、落到细处、落到明处。学校与上海航天局联手,打造符合学生认知特点和知识需求的"青锋号"爱国主义教育课堂。与上海市新四军历史研究会合作,打造历史情境课堂。2020年的开学第一课因其生动性受到中央电视台的采访报道。

(三)育人始终,全员全过程全方位,构建立体育人新格局

运用社区党建联盟、未成年人实践基地等平台,积极建立校本、课程化的德育基地、生涯导航实践基地。学校组建了各方参与的"青锋家庭教育工作坊",建有各类学生社会实践基地67家,吸引社会资源共同参与和支持学校育人工作,助力学生健康成长。学校安排学生有组织地走访邹韬奋纪念馆,品读校友一辈子追寻真理、为民请命,矢志不渝加入中国共产党的初心;有设计地走访校友王选故居,领会校友永远跟党走的信念、对祖国和社会主义事业的无限热爱。每年清明,赴龙华烈士陵园等地祭扫先烈也成为学校"青马工程班"的必修课程。从校内出发、从党史教育出发,走出校园、走进社会,形成社会实践报告,推进爱国主义教育进头脑,提升学生的自豪感,使学生坚定不移听党话、跟党走,怀抱梦想又脚踏实地,敢想敢为又善作善成,立志做有理想、敢担当、能吃苦、肯奋斗的新时代好青年。

参考文献

[1][2][4][5] 习近平.高举中国特色社会主义伟大旗帜 为全面建设社会主义现

代化国家而团结奋斗——在中国共产党第二十次全国代表大会上的报告[N].人民日报,2022 - 10 - 26.

[3] 习近平向全国广大教师致慰问信[N].人民日报,2013 - 09 - 10.

[6] 习近平主持召开学校思想政治理论课教师座谈会强调:用新时代中国特色社会主义思想铸魂育人 贯彻党的教育方针落实立德树人根本任务[N].人民日报,2019 - 03 - 19.

附录二

"与时俱进办教育,以德为先育英才" 上海徐汇这个德育实训 基地正式启动![*]

近日,上海市新时代中小学德育管理机制研究和实践实训基地联合上海市中小学德育管理干部"德育领导力"提升实训基地,在徐汇区滨江党群服务中心共同举行启动仪式。出席会议的领导专家有:浦东干部学院副院长、华东师范大学博士生导师郑金洲,上海市教委德育处二级调研员江伟鸣,徐汇区教育局副局长梁斌,基地特聘导师代表《宣传通讯》主编、高级记者田冰,教育部高校思想政治队伍培训研修中心(华东师范大学)副主任张俊华和德育实训基地主持人陈宏观、金琪。

导师引领,绘发展之路

上海市新时代中小学德育管理机制研究和实践实训基地主持人、上海市南洋模范中学党委书记陈宏观首先为全体学员解题,"新时代中小学德育管理机制研究和实践实训基地"中的"新时代",明确了中国式教育现代化、中国式中小学管理现代化,必须坚持党的全面领导。德育实训基地就是探索"党组织领导的校长负责制"新体制下的德育管理新机制,要"研究+实践+实训"。

在此基础上,陈老师与学员们分享了三个关键词:

不忘初心。立德树人是教育人的初心,为党育人为国育才,要以德

---

  * 该文首发于人民网 2022 年 11 月 4 日,http://sh.people.com.cn/n2/2022/1104/c134768 - 40182605.html.

为先、"五育"融合。

多元融合。导师队伍来自高校、宣传部门、基层学校、社区街道等多方面;学员队伍来自各区县的各类基础教育学校和校外机构党政领导;基地活动方式多元,研究和实践相结合,统一在"党组织领导、校长负责、多方参与、全员育人"的中小学校治理格局下的德育管理机制校本化研究实践实训。

学习共同体。学员们都是有志于探索新时代中小学党组织领导的学校治理新机制、育人新体系建设的学校管理者,在德育实训基地这个平台上相互学习、相互促进。

领导致辞,递殷切期望

徐汇区教育局副局长梁斌在致辞中表示,今年4月,为全面贯彻落实立德树人的根本任务,《徐汇区学校德育改革和发展"十四五"行动方案》正式出台,今天开班的德育实训基地意义深远。并对基地的发展提几点建议:一是要凝聚共识,集团队之力育德育心育人;二是要整体设计,以研训联动引领专业成长;三是要探索机制,以多元模式提升培训实效。希望学员们在导师的带领下,聚合发展之力,激发奋进之气,在学习中研究、在研究中实践、在实践中反思、在反思中完善,成为专业基础实、育德能力强的新一代德育名师。

上海市教委德育处二级调研员江伟鸣在讲话中指出,党的二十大报告强调教育是全面建设社会主义现代化国家的基础性、战略性支撑,要坚持教育优先发展,办好人民满意的教育,全面贯彻党的教育方针,落实立德树人根本任务,把各方面优秀人才集聚到党和人民事业中来。这为德育实训基地进一步开展学校德育管理创新实践研究提供了根本的遵循。号召全体学员要注重共学、共研、共建、共享,坚持育人为本、突出问题导向,在推进"双减"和"双新"背景下,在思想上、行动上、方法上破难题,办实事,增亮点,为打造上海德育"新样板"贡献新力量,让真理之光照亮学生成长之路。

专家党课，筑理论之基

浦东干部学院副院长、华东师范大学博士生导师郑金洲为全体学员上了一堂以"深入学习贯彻党的二十大关于德育工作的重要论述"为主题的微党课。郑教授带领全体学员重温了中国共产党第二十次全国代表大会召开的重要意义，并从"大会主题明确了德育的根本方向""'中国式现代化'明确了德育的使命责任""实施科教兴国战略明确了德育的战略任务"和"推进文化自信自强明确了德育的工作重点"四个方面进行详细的阐述，号召全体学员要做青年朋友的知心人、青年工作的热心人、青年群众的引路人。

学员发言，明前行方向

青浦一中党总支书记沈方梅作为基地学员代表发言，强调此次参加德育实训基地是一次难得的学习机会，跟随陈宏观老师学习也是一份难得的缘分；并表示会倍加珍惜，始终保持初心，处理好工学之间的关系、学思之间的关系、学用之间的关系，用求实、务实、扎实的精神，用真心、用心、尽心的态度，回报这份缘分和机会。

"舵稳当奋楫，风劲好扬帆。"德育实训基地的学员们将在主持人陈宏观老师的引领和指导下，向高处探、向宽处行、向远处寻，再攀新高度，共谱新篇章！

附录三

新时代中小学德育管理机制
研究和实践实训基地概况

一、基地建设背景

新时代中小学德育管理机制研究和实践实训基地紧紧扣住育人核心、学校发展这根主线,探索新时代公办中小学党组织领导的学校治理新机制、育人新体系的建设,积极构建"党组织领导、校长负责、多方参与、全员育人"的治理格局。聚焦育德育心、心育实践,办好为党育人、为国育才,让人民满意的学校。

二、基地建设基础

主持人情况

一是工作经历。陈宏观老师是教育管理专业正高级教师,特级校长。现任上海市徐汇区业余大学(上海市徐汇区社区学院)党总支书记、校长;之前任上海市南洋模范中学党委书记,南洋中学党委书记、校长;还曾经先后在徐汇区教育局武装部、德育科室、团工委,徐汇区团委,上海市第二初级中学,徐汇区业余大学(社区学院)担任领导,从事教育管理工作20余年。

二是带班带队情况。目前是上海市第四期名校长名师工程种子计划基地领衔人,带教世外中学党委书记陈勇等中小幼党组织书记、校长(园长)10人;是徐汇区校级干部培训导师。在南模、南洋工作担任主要领导10余年。在此期间,输送、选拔提任包括教育局副局长、教育学院院长在内的校级干部13位。

所在单位育人基础

南模中学是中国最早由政府主办的新式中学、新中国成立后上海市首批重点中学,是全国文明单位。1950年4月,毛泽东主席应高一学生的请求为学生壁报题名"青锋"。2001年8月,江泽民总书记为南模中学百年校庆寄语"四个模范"(求知的模范、生活的模范、爱国的模范、进取的模范)。新时代,学校坚持德育为先、五育并举,为党育人,为国育才。将立德树人融入思想道德教育、文化知识教育、社会实践教育各环节,积极培育敢为人先、胸怀天下,崇尚一流、追求卓越,精神富有、情趣高雅的时代新人。

新华社以《党建引领,立德育心,在服务全国中分享上海优质办学方案》为题报道学校德育经验,党建成果先后获评上海市中小学思想政治工作优秀案例。在2019年的全国中小学德育工作会议中承担了走访考察的任务,评价颇高。"亮青锋,红色基因代代传"入选"百优迎百年"上海市党建创新案例30强。

成果和成绩

近年来,主持人出版《新时代中小学党建实务》等4部专著(合著)、主编出版7册图书,发表文章40余篇。《政治核心 文化先锋 育人模范——中学党建实务ABC》《新时代中小学党建工作实务》等专著被上海市徐汇区、金山区,天津河东区,贵州省遵义市,新疆克拉玛依市、兵团二师等地作为校领导培训教材。主持德育课题获评国家教师科研基金教育科研规划重点课题子课题一等奖,成果《设境体验 知行并进——中学心育实务ABC》由华东师范大学出版社出版。

"种子计划"实施期间,研修团队成员主持上海市教育科研项目、阳光计划、普教系统党建重点课题、德尚课题等省市级课题6项,区级5项,在《党的建设与思想政治工作优秀成果汇编》《思想理论教育》等书刊上发表文章20余篇,先后有10篇论文获市级优秀奖。特别在市教卫工作党委、市教委组织实施的上海市"阳光计划"中表现优异,年年有申报、年年能入选、年年可结题。该计划旨在"形成一批高质量的党建、宣传思想文化和思想政治教育工作研究成果"。

三、研训目标

用好新时代党领导的中国特色的现代学校法人治理结构体制,研究党组织对行政执行的方向指引、大局把握、决策领导,对群团组织的领导推动,三全育人格局的建设,构建符合各自学校特点的德育管理机制。

四、重点项目

项目一

"党建双覆盖、共建双联动、区校双扶助、团建双行动"的四双育人法。

项目二

在做好"大中小学思政一体化"的基础上探索"党团队组织的一体化实践"。

五、预期成果和基地建设保障

聘请了浦东干部学院、华东师大等单位的理论专家,德育协会、德育中心等单位的实践专家,以及二十大代表吴蓉瑾校长等一线校领导。注重加强系统化的培训,体现科学性;注重校本化的分层,体现针对性;注重课题化的引领,体现创新性;实施基地化的浸润,感受直观性。

后　记

　　2022年，第六期上海市中小学骨干教师德育实训基地学员开始选拔。经过层层遴选，各区县教育局的推荐（每区限额2人），上海市教委相关部门的严格审核，其中不乏已经参加过前几期德育实训班的教师。几经争取名额无果，基地只好"无奈"地继续在众多优秀候选人中"优中选优"，最终形成了15名学员的正式名单。他们是上海市青浦区第一中学党总支书记沈方梅，上海市松江区第四中学党总支书记郭洁（隔年转任校长），上海市金山区亭林小学党支部书记、校长张蓓蕾，上海市松江区洞泾外国语实验学校党支部书记王本运（隔年转任上海市松江区九里亭外国语实验学校校长），上海市怀德路第一小学党支部书记倪虹（隔年转任杨浦区打虎山第一小学党总支书记），上海浦东新区民办东鼎外国语学校党支部书记、常务副校长顾春，上海市二十五中学党支部书记郑雨花，上海市徐汇区青少年活动中心副主任陈弘，上海师范大学附属嘉定高级中学党总支副书记徐兰，上海市南洋模范初级中学党支部副书记陈悦，上海市长宁区开元小学副校长高壁茹，上海市南洋模范中学工会主席倪赟岳，上海市零陵中学工会主席崔兢，上海市徐汇区上海小学副校长王伟，上海市新农学校副校长左银智。

　　同时，经新疆克拉玛依市教育局、黑龙江鸡西市教育学院、江苏省太仓市教育局推荐，新疆克拉玛依市教育局思政办负责人安燕久，黑龙江鸡西市第十九中学党总支书记刁慧玉，鸡西市师范附小党总支书记高广艳，江苏省太仓市第一中学副校长朱淑君，太仓市浏家港中学副校长陈婷也加入基地学习，参加远程培训。2022年12月，上海市徐汇区德育干部培养工程"山岭计划"正式启动。受徐汇区教育局委托，基地进一步扩容，增加带教上海市教科院实验小学党支部书记、校长吕捷，上海市龙苑中学党支部副书记钟北京（隔年提任书记），上海市南洋模范中学学生发展中心主任刘艳丽，上海市梅园中学校办主任贾春（隔年

228

提任副书记）。随后，上海市青浦区清河湾教育实验园区党支部书记周亚娟、上海市宝山区南大实验学校党支部副书记周艳、上海市中国中学副校长王洁也加入了基地进行学习。

如何落实好新时代党组织领导的、具有中国特色的现代学校法人治理结构体制，构建好"三全育人"格局，形成符合各自学校特点的德育管理机制，上海市新时代中小学德育管理机制研究和实践实训基地一直在积极地探索与实践中。其中20位上海基地的校级领导学员被天津市中小学继续教育中心聘为天津市第六周期中小学校长岗位培训工作坊主持人。2023年8月，本人作为基地主持人受国家教育行政学院的邀请为"全国中小学校德育骨干示范培训班"做了专题讲座，介绍上海德育、德育基地的经验和做法；多次在教育部高校思想政治工作队伍培训研修中心（华东师范大学）、上海市师资培训中心为来自全国各地的党建、德育骨干进行宣讲报告。一年来，大家在德育实训基地这个平台上，共同研究探讨，集团队之力育德育心育人；深入思考学习，研训联动引领专业成长；聚焦探索创新，以多元模式提升培训实效；根据成员学校的德育特色，寻找重点，突破难点，探求以系统化的观念来梳理学校德育管理新机制、育人新体系的建设，从而形成可示范、可借鉴的中小学校治理实践经验和研究成果，为中小学德育管理做出贡献。

本书就是上海市新时代中小学德育管理机制研究和实践实训基地的研究成果。全书共分六章，由基地主持人陈宏观拟定体例并组织编写，分别从坚持党组织的全面领导、德育管理机制、课程思政推进机制、群团组织育人机制、社会实践机制等方面进行了研究和论述，力求理论指导和学校经验相结合，提炼出上海实践的区域特色，以推动中小学校党建引领德育建设的进一步研究和探索，办好为党育人为国育才、让人民满意的高质量的教育。全体上海市的基地成员参与了撰稿工作，撰稿人的具体分工如下：

第一章　第一节沈方梅，第二节倪虹，第三节徐兰，第四节王本运；

第二章　第一节周亚娟，第二节刘艳丽，第三节陈悦，第四节贾春；

第三章　第一节郑雨花，第二节王伟，第三节吕捷，第四节张蓓蕾；

第四章　第一节沈方梅，第二节王本运，第三节周艳，第四节王洁；

第五章　第一节崔兢,第二节倪赟岳,第三节高璧茹,第四节左银智;

第六章　第一节陈弘,第二节郭洁,第三节顾春,第四节郭洁,第五节钟北京;

附录一　陈宏观;

附录二　崔兢;

附录三　倪赟岳。

全书由陈宏观统稿。在写作过程中,得到了上海市教委德育处、上海市学生德育发展中心的关心,得到了徐汇区教育工作党委、教育局的帮助,得到了基地导师、众多专家的热情指点。感谢教育部长江学者冯建军教授为本书做序,感谢学校家庭社会协调育人大平台的支撑、支持。感谢上海教育出版社一直以来的大力支持和悉心编辑。

1996 年 9 月 7 日,上海市召开"教师,太阳底下最崇高的职业——老中青园丁大型座谈会",我追粉于漪老师,合影成功。长期以来,在于漪教育理想的引导下不断成长。教育传承,本书定稿后,谨以此书向于漪先生汇报。特别激动的是,隔天便收到先生题写书名的墨宝,还特意关照"名字请勿放封面,书后注明即可"。在此,特别再次向先生表示敬意。

作为基层学校的实践和研究实践实训的成果,难免有不足和不成熟之处,敬请广大读者不吝赐教,我们一并表达由衷谢意。

陈宏观

2023 年 11 月